零售人才
战略

〔日〕有本均 ◎ 著

姚奕崴 ◎ 译

中国 友谊出版公司

图书在版编目（CIP）数据

零售人才战略 / （日）有本均著 ；姚奕崴译 . -- 北京 ：中国友谊出版公司，2021.3
ISBN 978-7-5057-5091-3

Ⅰ . ①零… Ⅱ . ①有… ②姚… Ⅲ . ①零售业－人才培养－发展战略－研究－日本 Ⅳ . ① F733.134.2

中国版本图书馆 CIP 数据核字（2021）第 006513 号

书名	零售人才战略
作者	[日] 有本均
译者	姚奕崴
出版	中国友谊出版公司
策划	杭州蓝狮子文化创意股份有限公司
发行	杭州飞阅图书有限公司
经销	新华书店
制版	杭州真凯文化艺术有限公司
印刷	杭州钱江彩色印务有限公司
规格	880×1230 毫米　32 开 6 印张　100 千字
版次	2021 年 3 月第 1 版
印次	2021 年 3 月第 1 次印刷
书号	ISBN 978-7-5057-5091-3
定价	52.00 元
地址	北京市朝阳区西坝河南里 17 号楼
邮编	100028
电话	（010）64678009

我曾工作多年的日本麦当劳，拥有培养人才的环境。维系门店运转的兼职员工被称作"船员"，正式员工会对他们进行日常性的指导。老船员也会指点刚加入的新船员。在这家公司，每一个工作者都是教练（或者说训练员），因而教育效率非常之高。

在我入职第二年当上店长的时候，发生了这样一件事。总公司的营销总监来到店里，当时他的职位比我高三级，难得一见。这位营销总监突如其来地向我抛出了一个问题。

"你们餐厅的诀窍是什么？"

我一时语塞。身为店长，头等大事自然是提高营业额和利润，因此必须要以顾客为本。而且为了让前来光顾的客人称心如意，就要在店内营造良好的氛围，因而还必须保持店铺干净卫生。

虽然对于他的提问还怀揣着几分疑虑，但我有心这样回答了。

然而他的话却出乎我的意料。

"你们餐厅的诀窍，是培养人（财）。"

这句话让我永生难忘。

店铺的成就，乃至身为店长的我的成就，都离不开在我身边工作的人。只有通过人才能创造成就。这句话乍一听来出乎意料，听罢又由衷感到是在"情理之中"。对于餐饮服务业来说，产品研发很重要，服务质量也很重要。但是这一桩桩、一件件都离不开"人"。

培养人才十分重要，这一点我自然是心知肚明。在店长培训项目中我也多次受教。然而被营销总监当头一问，这才第一次对此真切领悟。

店长的首要职责便是培养人才。对于企业而言，人是一家公司最宝贵的财富。营销总监的提问至今已经过去四十年，我依然如此笃信不疑。

可能许多企业都在为雇用和教育而发愁。我长年从事的服务业尤甚。号称"就业冰河期"的时代已然成为过往，如今，各行各业都从"企业挑选人的时代"过渡到"人挑选企业的时代"。企业用工荒，就说明这个企业"无人相中"。招不到人、留不住人的企业，务必要关注这个问题。

那么怎样才能让企业被人选中呢？关键在于企业是否能够"让人获得成长进步"，也就是企业能否落实人才培养。在当下这一时代，想要雇用清一色的优秀人才谈何容易。因此必须要转变观念，思考如何"培养现有的全部雇员"。本书正是希望将个中要点介绍给各位读者。

我从读大学的时候开始在日本一家麦当劳打工，随后正式入职，工作了二十四年。最后就任的职位是公司的内部大学——"汉堡大学"的校长。之后我进入了迅销公司，成了"优衣库大学"新一任的主管。并在这两家企业都建立了人才培养项目，制订了培训计划。基于上述经验，2012 年我创立了 Hospitality & Growing Japan 公司，并担任"Growing · Academy"的校长，开办培训服务。为了向中国本土企业也提供专业的人才服务，2020 年在中国合资创办了必熹企业管理咨询（上海）有限公司。[1] 本书将结合这些正在实行的、专门针对服务行业的人才培养项目，介绍"培养现有的全部雇员"的方法。

此外，本书将在下文统一使用"人财"一词，而非"人才"。这是 Hospitality & Growing Japan 公司的内部用语，正如前文所述，这个词所表达的是"人是公司最宝贵的财富"这一观点。

1　该公司是日本 BC 控股旗下的"株式会社 H&G（日本）"和"上海缘锐实业有限公司"共同出资创办的合资企业，为企业提供上门培训、公开讲座、在线培训课程、对工作手册及评价系统的开发与咨询，并为中国企业进驻日本和泰国市场提供帮助。

Hospitality & Growing Japan 创立之初，我就深感人财培养势在必行，然而业界依然认为雇员在数量上绰绰有余。可如今，这种"绰绰有余"荡然无存，大批企业和经营者陷入了人员"数量不足"且"质量不佳"的困境。这个变化同样出乎我的预料。

而近来造访的另一种变化则是"代际更迭"。我因人财培养而相熟的大部分企业都已经传承到了第二代、第三代，努力营造崭新的企业风貌。

伴随着经济增长而不断壮大的企业迎来了增长迟缓和人员减少的阶段，以往靠"干劲、耐性、道义、人情"的经营模式发生了脱胎换骨的变化，转变为了系统化的管理方式，导致许多经营者为此头疼不已。如今劳动力空前匮乏，过去那种把"不想干就别干了"挂在脸上的人事工作也成了无本之木。不少经营者怀揣着危机感，一心寻求变革。这些经营者们对我们提出的"体系化人财培养"都表示强烈赞同。

本书将以我们提倡的"成长循环"（Growing Cycle）为核心，介绍培养人财的理念和方法，而这个成长循环最显著的特点就是它将现场主义囊括其中。方法切合生意场的实际情况，便于在实践中加以使用。

时常会听到一些企业负责人抱怨说"明明也扎扎实实地搞了

培训，但员工就是不成才"。许多企业很容易把这种情况归咎于所培训员工的能力问题，或者是工作态度问题，但事实上在绝大部分情况下，问题都出在公司身上。公司并没有试图把难能可贵的培训所学应用到实际工作当中。或者是没有提供可供活学活用的环境。总而言之，大多数的培训都是走走过场。

上司的工作就是要解决这些问题，而所谓上司的培养能力，最终要归结于能否把教授的知识应用到现场实践当中。因此必须要有"要求"，还要对是否合格予以"评价"。总之，"教育"不是"单纯的教育而已"，而是要促成员工实践、评价培训成果等环节的结合，只有这样才能够提升员工的能力。

这便是成长循环的根本观点，如果能够切实运行成长循环，那么人必将成才。回头想想，日本麦当劳和迅销集团的确都极为严格地落实了"要求"和"评价"。因此两家公司实现了人财的培养。

恰逢日本政府主导推动"工作方式改革"，如今，过去那种"能力不足时间来凑"的商务人士工作方式已经行不通了。那么，怎样在一定的时间内完成人财培养呢？具体手段可能并没有什么改变。但是关键在于要让培养"体系化"，这样才能够让人财培养上升为经营问题，形成人财培养的模式后再实施。

全员培养、全员能战的必要条件是推行员工"义务教育"，提高整体水平。无需奇谋高论，只需将普通的方式形成体系并贯彻到底。而且我认为这是一种具有普遍性的方法，不仅适用于服务业，也同样适用于其他各行各业。

本书概要和使用方法

下面介绍本书概要。

第一章 构建留住人财的培养体系

第二章 利用"成长循环"培养人财

第三章 店长（经理）教育的精髓

第四章 如何设计和运用促进成长的评价制度

第五章 教育和评价让公司面貌一新

第六章 激发员工"干劲"的技巧

首先，第一章介绍的是人财培养的基础。为了让人留在组织并得到培养，"教育"自然十分关键，然而仅凭教育并不足够。员工实践所学内容，公司评价其实践结果，以及营造劳动环境都同样不可或缺。

第二章将介绍我们尤为重视的培养理念——成长循环，明示标准，对培训和实践提出要求，并给予评价。人在这一循环过程中获得成长进步。

第三章将聚焦人财培养的要职，也就是身为主要负责人的店长（经理），讲述他们如何在培养人财方面发挥领导作用。

第四章的核心为评价制度。第二章涉及"成长循环"当中的评价部分，而在本章将介绍公司整体体系角度的评价制度，详细讲解如何引入和确立该评价制度。

第五章是范例汇编。介绍注重人财培养，从零开始在组织内构建人财培养体系并行之有效的三家公司。

最后的第六章采用 Q&A（问与答）形式，汇总了一些有助于激发员工积极性的小技巧。这些小技巧立足于一至四章的理论，内容无需精读，只需翻阅一下，便足以解决在现场遇到的难题。

此外，书中各处还插入了诸多专栏，内容涉及人财培养方面一些具体的话题、主题，可以在阅读时加以参考。

本书受众

本书的目标读者为下列几类。

·负责培养新人和兼职员工的店长（经理）

·负责构建人财培养体系和项目的人事负责人

·负责留人、人员培养的经营者

我们创立的 Hospitality & Growing Japan 是一家针对服务业的培训公司，如今主要的客户仍旧是零售、餐饮等服务行业从业者。不过，其实由"成长循环"领衔的理念和培训方法具有普遍性，可应用的客户行业十分广泛，并不限于服务业。

店长和经理被寄望于担负起现场人财培养的责任，发挥OJT[1] 领导作用，但似乎其中很多人都苦于公司缺乏整体性的体系。体系化是问题的最优解，但可能要花费更多的时间。我希望身处刻不容缓的实践旋涡之中的店长和经理们，可以了解人财培养的基础，让日常指导的内容更为丰富。

对于各位人事负责人，我希望您务必要了解人财培养和评价体系化的重要意义，并将其应用于实践之中。

这同样适用于各位经营者。应当借助公司上升的时机，让人财培养和评价的方法更上一层楼。希望您能够从第一章了解理念，从第五章的企业范例中领会实践和体系化的方法。

前言话止于此，下面我们进入正文部分。

1　即 On the Job Training，在工作现场内，上司和老员工通过日常的工作，对下属、普通员工和新员工们进行必要的知识、技能、工作方法等教育的一种培训方法。——译注

构建留住人财的培养体系

一

本章将首先讲解"人财培养为什么重要"这一概论。

如果在你看来"人财培养很重要，这还不是理所当然的吗"，那么你跳过本章也无妨。

不过，我依然想问你一句："贵公司的新员工真的获得成长了吗？"

理论上重视人财培养，但如果实践不到位，那么人财培养也将是徒劳无功。

你当前的培养方法是否正确？

希望你可以带着这个问题阅读本章。

还想再去的店都有什么共同之处

服务业的基础是人的力量

人财培养对企业而言很重要。不论是哪一行，也不论眼下正在实践哪种培养方法，应该都不会有人否定人财培养的重要性。那么，人财培养为什么重要？我们首先来讨论一下这个"理所当然"的原因所在。

我认为服务业就是接待人、以人为本的行业。无论是高档餐厅还是平价快餐，只要环境舒适，干净卫生，服务优质，顾客就会"还想再来"。而且顾客可能还会向熟人推荐，发朋友圈，为店铺打广告做宣传。这种连锁反应可以提高业绩，增加利润，让生意更加红火。而这一切的起点就是良好的待客之道，有赖于提供良好的待客服务的人的力量。这是一门只有以人为媒介才能做成的生意，因此称之为以人为本的行业。

而且人的作用并不仅仅表现在"待客"这一个方面。一家好店具有各种优点，过硬的商品只是其一，店铺清洁卫生和所营造的良好的团队合作氛围同样重要。而这些的根基则是店铺员工的个人素质和人际关系。也就是说在这些方面，人力同样不可或缺。

由此显而易见，服务业如果要获得长足的发展，离不开员工的成长进步。当然，在服务业之外，员工的成长同样与企业的发展密不可分，这里仅以服务业为例进行介绍。

餐饮业成败的分水岭是什么

我从事多年的餐饮业，一直以来竞争激烈，此起彼伏。即便是单论快餐行业，亦是如此。二十世纪七十年代至八十年代，食品公司和流通公司等陆续涉足快餐业，呈现群雄割据的局面。进入泡沫经济时代，餐饮浪潮兴起，遍地开花。

然而到了泡沫经济崩溃的九十年代，许多连锁店开始衰败，战线收紧，关门大吉的企业比比皆是。硕果仅存的只有日本麦当劳等为数不多的几家餐饮服务公司，并取得了进一步的发展。

得以生存的企业和消亡的企业。它们的差别在哪里？三言两语很难说清，但我认为是员工的差别，或者说是教育的差别。只要前往那些教育面面俱到，拥有大量优秀员工的店铺（连锁店）便一目了然。虽然商品和服务也存在差别，但是截然不同之处还是在QSC（品质、服务、清洁）。

劳动力不足让雇用愈加艰难

如今劳动力不足的趋势愈发凸显，导致"留人"成了比培养成才更加急迫的问题。无论如何要先把人留住。当前状况是要优先确保数量，而后才是质量的问题。然而，我认为确保劳动力数量和人的成长其实是同气连枝的。从员工的立场出发，大部分员工希望在自己能够获得成长进步的场所（公司）上班。人们会更多地聚集到拥有良好的劳动环境，能够培养成才的场所（公司），而不会再轻易辞职。因此可以说，有没有留住人财的培养"体系"，是关乎企业生死存亡的关键。

"体系"一词在本书后文中还将多次出现，代表着大多数员工均能够予以实践的内容。并非由某个培训能手利用他独特的思维方式和教导方法来指导周围的同事，而是无需培训能手，员工通过掌握思维方式和教导方法，就能掌握理念和方法，从而让每一个人都能够达到一定程度的教导水平。这也是我们应有的追求。只要这种体系得以融会贯通，那么教育指导、相互学习就会落地生根，成为公司的文化和风气。而且这也会塑造企业魅力，有助于吸引、保留人财，促进他们成长进步。这正是服务业等各行各业的企业应该追求的姿态。

　　劳动力不足的问题愈发严峻，可以说企业随心所欲地挑选员工的时代已经告终。其实我个人感觉店长挑选兼职员工的时代可能在二十世纪八十年代前期就已经结束了。

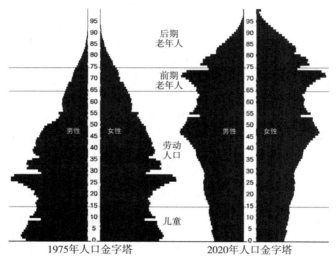

出处：总务省统计局、国立社会保障·人口问题研究所《日本未来推算人口（2017年推算）》

图 1-1　严重的少子老龄化

上图所示的是日本人口金字塔，左侧为1975年数据，右侧为2020年（推算）数据。其中的变化十分显著。少子老龄化的趋势一目了然，显然劳动人口正在大幅下降。正式员工自不待言，可以说就连兼职的岗位也必然要面临用工荒。

未达到雇用标准也要无奈雇用

三年前，福冈县一位和我的公司有业务往来的某居酒屋连锁店的店长曾这样说道："过去两年，来者不拒。"说的是他们对来应聘的人全员录用。从三年前的时间点再向前推两年，可见来者不拒的招聘情况在五年前就已经出现了。

根据那位店长所说，无论应聘者是什么形象，一律录用。因为起码要保证人手，否则店铺就经营不下去了，"至于形象好不好，都能对付的过去"，店长如是说道。但就算是如此，也有一半人没来上班。

原本就不得不雇用那些没有达到雇用标准的应聘者，还要面对那般激烈的抢人大战，因此当我们提出"挑人时代已经终结"的说法时，服务业的同仁几乎都深表赞同。其中店长们对雇用兼职的情形无不表示"的确如此"，而人事负责人们则是针对招募正式雇员的情况纷纷点头称是。

挑人时代已经终结。正因为如此，我们有必要认真考虑如何培养人财，不让他们心生去意。

那么，"留住人财加以培养"的反面是什么？答案是，"替换不中用的人"。你或许感觉这种说法有些粗鲁，但是明面上闭口不谈，实则如此行事，从而不断扩大规模的日本公司俯拾皆是。可能最近几年依然存在。然而，如今这种方式已经彻底行不通了。而且这种形势在短期内不会有所好转。

因此，我们必须要做好"全员保留，全员培养"的心理准备，理念和方法论双管齐下培养人财。本书将这种方法论称为"体系"，将在后文予以讲解。

人财培养的基础是创造"留人条件"

企业应当调整的三个方面

企业为了培养人财，哪些事是必须要做的？乍一看千头万绪，而在我看来，"应该做的事"可以大致归结为三个方面。这三个方面分别是"教育""评价""劳动环境"。认真教育、加以评价、改善劳动环境，是培养人财的大前提。

说到教育，可能就会联想到"利用培训和OJT进行教育就可以了吧"，但至关重要的问题是仅凭这些是不够的。绝不是教育一下就可以万事大吉。

只有严格实施、改善"教育""评价""劳动环境"三个方面，才能创造留人条件。如下图1-2所示，"可视的职业阶段""拥有短期、中期、长期目标""成长意愿得到满足""实现自我价值""能够体会到工作的意义""良好的人际关系"都是典型的留人条件。下面将依次进行说明。

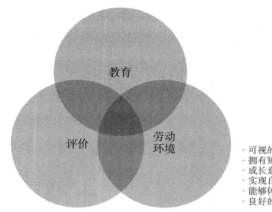

图 1-2　创造"留人条件"

可视的职业阶段

所谓"可视的职业阶段",是将"努力工作的结果"形成清晰可见的体系。清楚明白地展示出只要坚持工作,就能在不久的将来得到多少收入,或是提拔到怎样的职位。

譬如说有一个二十多岁即将成家的青年。他会如何思考自己的未来?即便手头的工作很有意义,但如果看不到未来的各个阶段,那么他就有可能感到惴惴不安:"一直这样拼命工作的结果又将如何?"所以,公司要让他看到十年以后的年薪、职位等等努力工作所创造的可能性。

在过去是没有这个必要的。三四十年前，在我还是店长的时候，经济持续走高。工资年年上涨，店铺规模迅速扩大，店长之类的职位也越来越多，人们根本用不着担心未来。然而，那个时代毫无疑问早已远去，如今的局面前途未卜。因此要公司清晰地展示员工未来的阶段，唤起他们工作的积极性。

与服务业的经营者聊天时，许多人明确表示"一个真正优秀的店长，年薪可以给到一千万日元"，而且目前在大型餐饮公司这已经开始变为现实。凡事不是高薪才重要，重要的是这种举措描绘了蓝图。

拥有短期、中期、长期目标

第二个条件是"拥有短期、中期、长期目标"。其中长期目标就是前文所述的职业阶段。职业阶段很重要，但对于公司而言，一丝不苟地做好眼前的工作更重要。也就是短期、中期目标聚沙成塔、创造未来。

因而关键是让员工看到努力的回报。譬如"现在努力完成这项工作，就会得到更大的肯定"。如果看不到这种回报，那么就不可能激发一往无前的斗志。尽管几度沉浮，但经济扶摇直上的时代早已远去，如今前途有如五里雾中。而破局的关键在于构建可视化的努力与回报的体系。

我在麦当劳工作时是这样筹划的，做好某件事，从而提高QSC（品质、服务、清洁）评分，提高QSC评分，从而提高个人评价，进而获得提拔。如果不能像这样看到未来，那么即便眼前的工作小到不值一提也不会去做的，例如很棘手，但事实上对店铺来说非常重要的洗手间卫生。能否做好眼前的工作与前程是息息相关的。只有让员工充分认识并以此树立目标，才能够激发动力，促进个人成长进步。

成长意愿得到满足，实现自我价值

"成长意愿得到满足"和"实现自我价值"是教育与评价两方面的"留人条件"。

这两项可谓是人皆有之的诉求。如果这两个诉求得到满足，那么员工自然不会轻易离开公司。

但似乎很多公司并没有满足员工的这些诉求。对于下属，上司们往往都是刚愎自用地断言："那号人怎么可能想要进步？"

然而绝大多数情况下并不是本人不想进步，而是进步的欲望没有被激发出来。如果从这一视角出发，那么就有可能采取一些可以激发成长意愿的举措。如果一味归咎于个人，那么永远是一潭死水。个人有成长欲望但却没有显现出来，就说明错在上司，错在公司。

"实现自我价值"是戴尔·卡耐基在其著作《人性的弱点》中提出的一个概念：①每个人都认为自己是重要的，②每个人都希望自己是周围人眼中的重要人物。

构建教育与评价体系，能够满足员工的成长意愿，实现自我价值。

"体系"一词反复出现，那么"构建体系"的反义词是什么呢？

答案是"交给上司"。

把人财培养交给上级，话音未落就已经被宣告出局。这是因为不同上司的能力有着天壤之别。运气好的话能遇到具备培养能力的上司，但如果遇到无能之辈可就没有那么幸运了。同等能力的人在不同的上司手下，不消一年两年，就会拉开巨大的差距。而这种差距常常会被公司归咎于个人。

而所谓"体系"，指的就是不依赖这种个人能力的、适用于所有人的方法。

让人体会到工作价值的体系

"能够体会到工作的意义"是人财培养毋庸置疑的组成部分。话虽如此,但是近来出现了一个略显棘手的问题。这就是工作价值变得多种多样。具体来说,在服务业,越来越多的年轻员工"不想当店长",而这个问题成了经营者的一块心病。而且在贸易公司,越来越多的年轻人不想去国外出差,由此可见工作价值多样化成了一种普遍现象。

从我这代人的观点出发,一定会问:"既然不想当店长,那为什么要进入服务业呢?"那些把"好好干就能当店长"当作一种激励,从而构建人事制度的企业而言,面对这种一反常态的情况时不知该如何是好。

但如果不采取措施应对这种新情况,那么企业保留人财的难度将会变得更大。其实对此可以稍作调整,比如可以不提拔职位,而是采用涨工资的方式对积极工作予以奖励。

我认为不想当店长的原因是多样的,包括"不想承担过于沉重的责任""店长的待遇缺乏吸引力"等等。关键是要让具有新价值观的人群也能努力工作。因此或许是要考虑改善店长的待遇等问题。

这里同样需要借助体系化加以应对。

人际关系是劳动环境的要素之一

"良好的人际关系"与"修订加班制度"都是企业亟须改善的劳动环境。人际关系在所有行业都是造成员工辞职的首要原因。不过我们也可以用一个完善的体系来解决建立"良好的人际关系"的问题。

提到人际关系问题，首要的就是上司的"人格魅力"。但是，正如前文提到的培养能力，寄希望于领导的个性是无济于事的。开展有助于建立信赖关系的沟通技巧、领导艺术，以及有助于提高培养水平的教导、教练、辅导等授课培训，可以有效地改善人际关系。但培训并不是单纯的培训，重点是要把人财培养能力、团队建设、领导能力等作为管理者考评项目纳入培训内容。此外，定义职责岗位，明确评价项目也都十分重要。尽管人际关系可能并不会马上变得完美，但是经年累月的积累之后将会日臻完善。

"反正留不住，所以用不着培养"这种观念对吗

增强人格魅力是人财培养的根本

"你们餐厅的诀窍，是培养人（财）。"

前言部分也介绍过了，这是我成为店长之后听到的一句话。

麦当劳人财教育的根本是"增强人格魅力"。烹饪技术和店铺运营能力的重要性无需赘述，但是这些的根基是人格魅力。我认为就当年的企业而言这是一种超前的理念。

实操业务是能学习掌握的。而在能够体现个人素质的待人接物方面，则是人格魅力发挥着决定性的作用。人格魅力当中包括着与生俱来的个性，培养起来绝非一朝一夕之事。但正如前文所述，即便是这种人格魅力，也能够利用体系化的教育和评价实现提升。

明确现场教育的目标

我认为日本企业管理者在培养方面的失败之处在于从不明确公司的培养目标。领导虽然对下属进行了指导，但是指导结果如何，其实是因人而异的。其中存在着巨大的个体差别，学不会的人有可能永远都学不会。

明确现场教育的目标。要给出类似于"希望你在某个时间点之前学会这项工作"的明确要求，这样教的人也会更加轻松。我在麦当劳工作的时候，兼职员工有多达三十个小时的培训期，在此期间会设置具体的培训目标。时间跨度为一周至十天。此后便没有时间上的规定，但是有排名，有各项合格标准。这些标准也能够让教的人做到心中有数。

因此无论是正式员工还是兼职员工，新人培训之后的教育工作也都非常扎实稳健。在现场可以随时随地进行指导。即便是在营业时间，教育指导也不会成为一种负担。因为大家对于教育指导已经习以为常了。

让目标设定和员工支持体系化

如果企业没有这种教育文化，也没有必要为此忧心忡忡。第一步，公司要确定"希望员工获得怎样的进步""希望员工能够完成怎样的工作"。之所以这样说，是因为人财培养必须要有目标。需要建立一种体系，不论是正式员工还是兼职员工，都要给他们设定入职公司（店铺）之后各个阶段的目标，并且在外部环境上给予体系化的支持。

教育对象和教育方式因公司的理念和方针不同而不同。然而，身处这个人财求而不得的时代，充分调动现有员工的能力就显得更为重要。抛弃"精英教育"，转而注重每个人都学有所成的"义务教育"，而今后这种教育的重要性还会愈发突出。因为在劳动力匮乏的时代，没有替换不合格员工这一选项。

以服务业为例，义务教育就是"仪容仪表""打招呼""措辞"等最基础的、必须要掌握的内容。假如这些不达标，很可能会让顾客感到不适，因此如果不能提高他们的水平，那么长此以往必然会对业绩造成影响。

要求受教者实践所学内容

与目标设定一样，"提出要求"也是人财培养的关键之一。即让受教者认真实践所学内容。对此在下一章讲解成长循环时还会有所提及。事实上不少企业都没有落实"提出要求"这一步。

"不做要求"等同于"教完就撒手不管"。在培训或OJT泛泛而谈一通，而后便撒手不管，受教者一无所成，最后敷衍了事地来一句"这个我已经教过了呀"。这种做法非常不可取，否则将会陷入一不严格要求，二不给予评价反馈，最终一筹莫展的连锁反应。要求受教者进行实践，实践之后再给予其评价，这样每个人都能够学有所成。

教育不是成本而是投资

企业的类型五花八门，其中不乏口口声声称重视人财培养，实则光说不练的企业。经营者的理念对于人财培养而言至关重要，可以说具有着决定性的作用。当业绩低迷时，往往最先削减的就是教育经费。倘若把教育经费视为变动成本，那么它自然就会成为削减成本的对象。然而换个角度，经营者有没有把人财培养看作是一种投资，其实才是关键。

常常听到一些公司这么说："话虽如此，但是下大力气投资教育，员工最后还是辞职了，那可如何是好？"的确，纵然费尽心血培养和教育，也不可能做到没有一个人辞职。

那么"反正都要辞职，所以用不着教育培养"的观念就是对的吗？这样对公司有好处吗？如今，员工的培养教育与业绩息息相关。公司首先应当树立这样的观念——即便是投入教育之后依然有员工辞职，也并不会造成其他的损失。从宏观的角度而言，将一个培养成才的人输送到其他公司也不失为一件好事。

加之如果事先建立完备的人财培养体系，做到了教育和给予评价，那么辞职的人会越来越少。教育必然会降低离职率。因此，如果培养教育反而导致了人员陆续出走，那么其中必有矛盾，这种教育很可能没有切中要害。

我们人财培养的理念非常简单。我们认为，企业在人财培养方面进行投资，并不是一时兴起，最终的也是唯一的目的是要"获得利润"。做生意，为了提高营业额和利润，就一定要让顾客满意，而这只有依靠"人"才能得以实现。待人接物的是人，管理员工的也是人。因此，利润的根基理所当然就是坚实的人财培养，否则长远利益和企业发展都无从谈起。

人财培养的本质就是前文所述的"教育""评价""劳动环境"等三个方面。切实做好这三个方面，不仅可以降低离职率，还可以改善雇用形势。为了在争抢人财的"人才卖方市场"大环境下成为"被人选中的公司"，在这里还是要赘述一遍，取决于在这里上班能否获得个人成长。很多人都是以此为出发点来挑选公司的。完善"教育""评价""劳动环境"，创造"留人条件"。设定教育时限、层次等具体目标，严格要求，使之能够将所学内容应用于实践。还要对其实践结果和达标事项给予客观的评价。

以上就是人财培养的基础，是必须先行的大前提。

晴天霹雳，就任麦当劳汉堡大学校长

从兼职到正式入职，一直梦想成为店长

下面聊一聊我自己，希望通过向读者介绍我在麦当劳汉堡大学（简称：汉堡大学）和优衣库大学的经历，以便读者了解我的人财培养理念，以及将在下一章讲到的培养方法——"成长循环"的来龙去脉。

我读大一时，开始在当时只有五十家门店的日本麦当劳打工，1979 年入职成为正式员工。兼职阶段结识的三位优秀店长成为了我的楷模，于是我自己也梦想当上麦当劳的店长。

入职第二年我当上了店长，此后八年间担任过七家门店的店长，而后成为了主管，负责管理某个地区的十家门店，并对店长进行指导。后来历任区域经理、总经理，入职以来的职业发展始终都没有离开现场工作。总经理要负责四十至五十

家门店，日复一日忙于指导主管和店长，提高营业额、利润和QSC。这份工作虽然在数据方面责任范围很广，要求较高，但是乐趣在于可以按照自己的想法管理大批店铺。

就是这样的现场工作让我乐在其中，并决心一直这样继续下去，因而当我接到汉堡大学校长的任命时，犹如晴天霹雳。

大量开设分店导致店长人手不足

介绍一下当时的情况，彼时日本麦当劳正提出"卫星战略"，筹划扩大规模。这一名叫"卫星"的战略的内容是以现有门店为母店，在其周边的购物中心等商业设施开设大量小型门店。

结果短短五年之内开设了一千多家门店，于是培养店长成了一大难题。准确来说，正式员工都不够用，因而就要培养一批名叫"兼职领班"的兼职经理，负责店长业务。交给我这个汉堡大学校长的任务，就是尽快，而且要保质保量地培养出这些兼职领班。

我与现场的区域经理和汉堡大学的成员商议之后，决定采取两个方针：一是大幅修改助理经理培养计划，二是组织兼职领班集中培训。这是首次组织非正式员工集中培训。

换言之，这种做法是将原来的培养体系推倒重来了，虽然没有遭到反对，但是在公司内部引起了轩然大波。新的计划要构建新的体系，在反复验证的同时完善课程安排，并在三个月内完成兼职领班的培养。这个期限只有过去的四分之一。

将店长时期的经验运用到人财培养

加快开设分店是公司的既定方针，这导致迅速培养兼职领班的难度很大，于是我借用了店长时期的经验。因为通常在新店开业（grand open）过程中，兼职领班的早期培养就是最重要的课题，对此我经验颇丰，可以在短时间内让其掌握运营技巧和最基础的沟通艺术。在这一方面集中培训收效显著。最终，助理经理培养计划大幅重修和面向兼职领班的集中培训都得到了公司的肯定。

与此同时，美国麦当劳总部革新了人财培养体系，陆续推出新的培训，将其引入日本的任务也落到了我的肩上。换言之在我担任汉堡大学校长期间，恰逢日本麦当劳经营管理的关键节点，因而我得以对各式各样的培养方法进行研究和实践，而这无疑构成了现今我所提倡的成长循环的基础。

如今回想起来，这些经验着实珍贵。

这些经验告诉我，不论一个人素质高低，只要设定一定的目标（即使时间很短）有计划地施教，就能够实现成长进步。最后，大部分人没有辜负我们的期许，成了兼职领班，出色地履行了一名真正的店长的职责。

不过我并没有因此想要成为一名人财培养专家。校长的工作结束后，我曾希望重返现场。尽管人财培养趣味无穷，也很有意义，但是归根结底只是一种稳定谋利的手段。

在优衣库大学着手建立教育体系

然而，世事无常。后来由于机缘巧合，我进入了迅销集团，供职于优衣库大学。2003年，我四十六岁。当时优衣库借"毛织品"的东风取得了爆发式的增长，可是热潮退去之后，营业额一度萎靡。这是因为企业飞速成长的同时，员工教育却没有跟上，所以亟待重建员工教育体系。

我在优衣库大学也采取了各项措施，例如在作为成长循环中重要一环的评价制度方面，首次引进了兼职员工的评价制度。简单来说，这个体系就是给平常认真的人适当增加时薪。另外我还设立了新兼职员工的教育项目。因为我认为有必要建立一种体系来减少兼职员工辞职，让他们可以在这里工作得更久。我们面向正式员工则开展了人际沟通能力培训。无疑这些举措都运用了我在汉堡大学积累的经验和技巧。

回顾这些经历，又一次让我发现前文所述的"教育""评价""劳动环境"等人财培养的大前提，在那时起就已经构成了我的理念的雏形。

以这些经验和想法为根基，最后形成了成长循环这一培养方法，但那时我从未想到人财培养会成为我的事业。

下一章我将以成长循环为中心，讲解人财培养的具体实践。

延伸阅读 1 "工作方式改革"时代的人财培养

　　2019年4月开始实行的工作方式改革相关法案也给日本的服务业现场带来了巨大的影响。越来越多的企业不仅减少了加班时间，而且缩短了整体劳动时长。原本人手就捉襟见肘，又要压缩劳动时长，对经营管理而言可谓雪上加霜。

　　对于有的员工来说，劳动时间减少或许是一件高兴事。但并非所有人都这样认为。对于众多"能力不够时间来凑"的劳动者（毫无疑问我也是其中之一）来说情况颇为严峻。一方面是提高业绩和能力的硬指标，另一方面从今往后又不允许加班。

　　然而时钟无法倒转。这个时候稳妥的做法是转变经营理念，在缩短劳动时长的条件下努力提高每名员工的生产力。更好的做法是借此机会营造更为轻松的工作环境，从而克服人手不足的问题。从个人角度来说同样需要想方设法提高固定时间内的生产力，与此同时提升各项工作技能。

　　无须多言，即便是在工作方式改革时代，企业也没有理由放松人财培养。正如前文所述，人财培养是企业不可或缺的投资，一旦投资不足，很可能会降低顾客的满意度，进而导致营业额、利润的损失。

既然人财培养是一种必要投资，那就应该追加投资，让人财培养成为企业的名片——进入那家公司，就能获得更多学习的机会，在工作中可以实现个人的成长进步。构建这种品牌效应何乐而不为呢？也可以设定具体目标，譬如降低百分之多少的离职率，以提高雇用经费等成本的利用率等。这些举措不论是录用人财，还是社会宣传，这都是一种行之有效的方式。而且也有助于树立"对员工友好型"企业的形象。

想来在我管理Growing·Academy的八年间，企业在教育方面的理念逐步发生着变化。过去大多企业都是利用休息日或轮班后的补休时间进行培训，而今这种企业明显减少了。将员工教育作为业务的一环，在轮班时间内进行培训的企业逐渐增多。虽然这是分内之事，但是可以说明企业的观念也发生了改变，开始为员工着想。

尽管一些企业的成本上涨了，但是这也印证了工作方式改革已经有所动作。追求新经营方式的时代已经到来了。

第二章

利用"成长循环"培养人财

二

本章是人财培养的方法论。

我将详细介绍"成长循环"。

以上一章介绍的留人条件"教育""评价""劳动环境"为前提，明示标准，培训和教育员工，要求员工实践培训所学，最后对其实践成果给予评价。人在这一循环过程中获得成长进步。

创造利润，人财培养是地基

企业为什么一定要培养人财

上一章讲解了人财培养对企业重要的原因、背景，以及培养的大前提——通过完善"教育培训""评价""劳动环境"等三个方面创造"留人条件"。接下来将展开谈一谈更为具体的培养方法。

在同企业交流人财培养问题时，我都会首先介绍"成长循环"。为什么企业一定要花费精力和金钱来培养人财？如果只知其然而不知所以然，那么在培养方面就有可能存在缺漏。不过，其中的缘由并不晦涩难懂，都是极为浅显的道理。

图 2-1　成长金字塔：人财培养创造利润

请看图2-1。

企业的头等大事就是创造利润，要增加利润就要提高营业额。而要提高营业额就必须要提高顾客的满意度。而能否提高顾客满意度，不仅取决于商品，还有该商品的销售人员。因此培养人财不仅有必要，而且很重要。

在这座金字塔中，人财培养位于最重要的基础部分。面积自然也是最大的。因此有必要在这里投入时间和成本。

我觉得这个道理对于我们的主要客户——服务业来说应该是一目了然，但其实这是一条适用于所有行业的普遍真理。BtoC公司面对的客户是普通消费者，BtoB公司的客户是法人。

但不论公司为哪类客户提供商品或服务，只要接触点是正式员工或兼职员工等"人"，那么人财培养就不可或缺。

人财培养要因"职"制宜

任何企业的人财培养对象都是五花八门的。从新员工到领导层、管理层，每个层级的人财培养都要符合其职责职位。

为了让人清晰地了解现场各级人员的培养目的，我曾经请服务业的客户制作了以店长为对象的"金字塔"，而店长的职责不外乎通过提高顾客满意度来扩大营业额和利润，因此必须要进行人财培养。这些道理店长也能够理解。也就是说，如果店长想要提高利润，那么培养员工就是他们必须要完成的"任务"。

话虽如此，但有些公司缺少教练，有些则业务繁忙难以挤出时间去培养员工。甚至有的公司领导还这样吐露心声："道理都明白，但在人财培养方面力不从心……"然而按照成长循环的逻辑，放弃人财培养就等同于放弃提高利润。这个选择可是企业万万不能接受的。

那么该怎么办？或许形势不容乐观，但还是要思考自己能做什么，如何才能做到。例如自己虽然不能胜任，但是可以让别人来负责人财培养。

所有人都可以成为教练

以我自己当店长时的做法为例，夸张地说，就算是昨天入职的兼职员工，也可以让他担任指导者（教练）。假如某人第一天能够按照操作手册掌握麦当劳炸薯条的制作方法，那么第二天来了新人，他就可以指导新人。虽然他可能操作没有那么熟练，但传授基本方法不会有任何问题。这样所有人都有可能成为教练，显著提高人财培养的效率。

可能一提到"培养"，就有人觉得只有专人利用卓越的教育方法才称得上是培养，实则未必如此。开动脑筋，方法并不是唯一的。但不论如何，没有人财培养就不可能提高顾客满意度，也就不可能增加营业额和利润。

上述讲解了这座金字塔的重要意义，下面我将通过"成长循环"来介绍如何实现培养"体系"。

成长循环的四个步骤

什么是成长循环

"成长循环"是促进人成长进步的四个步骤。它是"以人为本的企业文化"为前提，由"明示标准""教育培训""提出要求""给予评价"四个方面构成，是有助于个人成长进步的循环和培养方法。试图实践各个步骤，但又感叹"不会培养人才""留不住人"的企业，都是缺损了这一循环当中的某些环节所致。比如不明示标准，那么在教育方面下再大的力气也不能让其本人实现自我肯定。又比方说只教育但却不给予评价，那么员工最终也是一知半解。

在详细讲解四个步骤之前，我想先介绍一下成长循环形成的背景。

Hospitality & Growing Japan公司成立之后，在对众多服务

行业的从业者进行培训时，我就一直想要形成一种体系化的方法论，让这些公司实现全员培养。

于是我再度回顾了自身经历，试着遴选汉堡大学和优衣库大学在教育和评价方面的举措。整理出来的诸如制作手册、制定培训计划、开创教育方法等培养方法和项目实在是卷帙浩繁。因此我又结合个人经验对此进行罗列，发现这些方法可以分为四类。

而这四类可以简单归纳为"明示标准""教育培训""提出要求""给予评价"。四个方面相互关联。它们不是1→2→3→4呈线性分布，而是4→1，首尾相连，也就是一个循环。如图2-2。

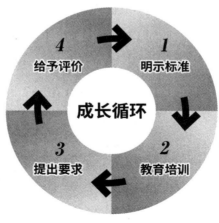

图2-2 "成长循环"促进个人成长

成长循环虽然是我独创的一个概念，但是它的根基是我个人的培养经验，以及汉堡大学、优衣库大学的培养方法。

此后六年，我利用各种各样的机会向很多人进行了宣传：只要以这个理念为基础，就可以实现体系化的人财培养。

下面逐一介绍。

1. 明示标准

明示标准是培养的出发点。它意味着"从公司的角度明确了对这个人期望"。

员工的部门、职务、阅历不同，公司对他们的期望也不同。关键是要给出因人而异的标准确认。有一些知识技能如同经营理念、经营方针、规章制度以及就业准则，每一位员工都必须了解和掌握。另外，手册和职务定义也要根据业务内容不断调整。

公司的标准也可以替换为"目标"。上一章提到，麦当劳会用三十个小时的时间让员工从头至尾地熟悉业务。这三十个小时就是一个目标。

如果没有这个目标，那么教育内容很可能会由于教的人不同而千差万别。常常能听到经营者这样说道："我们公司的教育是'跟着人变的'啊。"因为没有明确的目标，所以才会任由现场负责人决断。这样一来企业无法作为一个整体提供标准统一的服务。只要明示了标准（目标），纵然是有着三千家门店的麦当劳，也可以让所有店铺经理的目标达成一致。

　　明确目标时，要根据各项业务，列出所做工作的内容和期望。例如，店长"想要提高营业额""想要增加销售利润"，那么就要列出"希望店长能够率先控制人员开支""希望店长能够提高门店的QSC"等具体内容。

　　其中有一些类似于QSC的业务，只有团队合作才能取得成果，"想要优化团队合作"，为此可以具体列举"希望店长发挥领导能力""希望店长构筑信赖关系""希望店长能够有恒心有毅力"等内容。

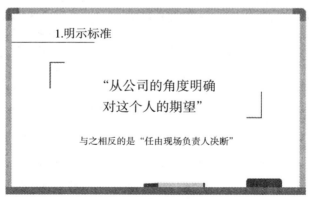

图2-3　明示标准

逐一斟酌由谁来教、怎样教，这便是下一部分"教育培训"的预备工作。或者还可以从优秀店长的举措中挑选出"希望大家以此为参考"的项目，将这些项目定为标准。

像这样列举各项，那么着眼未来，还有可能发现一些目前尚未着手，但是希望承担这个职务的人将来能够实现的项目。这里依然以店长为例，眼下为了门店的利润疲于奔命，根本无暇顾及人财培养。但如果我们将人财培养纳入标准，并坚持让他实施标准，那么人财培养就会被定义为店长这个岗位的职责之一。而且这些举措一定要与"给予评价"实施联动。这部分我们也会在"4.给予评价"部分谈到，只有当员工成为评价的对象时，店长们才会不得不予以关注。之所以很多店长对人财培养不屑一顾，持消极态度，其原因就是它与评价毫无关联。

制订标准的难点在于如何给已经熟悉全部业务的人群制订标准。不论是正式员工还是兼职员工，大多数时候新人阶段都有业务手册，可以让他们按照手册学习各项业务。此时标准已经预先明确。而对于店长来说，尽管难度有所提高，但是目标依然是比较明确的。然而，几乎没有企业给这二者之间的中间层提出明确的标准。

在这种情况下，就是要筛选出员工见习期结束之后应该做的事。例如感受新的岗位，负责培养新人等。务必注意，如果兼职员工和正式员工从事同样的工作，就会产生同工不同酬的问题。如果工作完全相同，那么必须支付同等工资。为了避免这种情况，就需要借助职务定义明确地区分正式员工和兼职员工。从这一层面也能证明明示标准的重要性。

2. 教育培训

明示标准之后，就应该进行相应的教育指导。由什么人、在什么时间、采用何种形式进行指导，都有着多种选择。可以在现场OJT指导，也可以集中培训。集中培训可以邀请外面的讲师，也可以让老员工传授现场经验。应当根据内容从诸多选择当中选择最有成效的教育方法。

担任汉堡大学校长的时候，我办的最多的一件事就是在必须要予以教育指导时，思考应该采用哪种教育方法。"这个内容如果不集中培训的话就不好办了""这个内容现场教学的效率会更高吧"，类似的沟通交流在当时是常有的事。

例如优衣库，每一种西装的叠法都是独一无二的，必须要全部记住。但是这在店里采用OJT的方式多加练习即可，无需集中培训。麦当劳的炸薯条也是同样的道理。

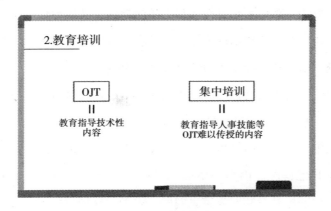

图2-4　教育培训

　　另一方面，有些内容只有通过集中培训才能学会，或是采用集中培训的方法收效更加明显。例如教练相关的技能。如果想要向那些在与店员构建互信方面存在瓶颈的店长们传授技巧，那么OJT无济于事。主管同样不可能莅临现场指导。这种情况下就需要采用集中培训的方法来传授技巧。

　　这种集中培训虽然成本较高，也会给受训者带来不小的负担，但是相对而言收效明显。首先是脱离现场，置身于较为安定的环境，学习更加轻松；第二个优点是由具备专业知识的人担任讲师；再者是可以加入讨论、角色扮演、游戏等有助于提升学习效果的要素。通过讨论、角色扮演、提问等方式，改善形式单调、难以真正掌握知识的填鸭教学，获得绝佳的学习效果。角色扮演不成功的人在正式场合时也绝对应付不来。具体来说，面谈和倾听技巧的学习效果最为显著。

关于集中培训，Growing·Academy的热门项目是"投诉应对"。想要利用OJT教导这个问题可谓难于登天。因为一旦投诉发生，那么只能在事后复盘，而且复盘的结果可能还并不适用于其他情况。而集中培训可以加入角色扮演，假想各种状况，和其他学员共同来解决问题，思考"这种情况下应该怎样处理"。

OJT还会在其他章节讲到，它的一大优点就是能够现场学习，但常见的弊端是点到为止没有后文。正因为是在现场教育，所以怎么教导完全取决于上司、老员工等OJT的负责人，而他们常常弃之不顾。

针对这些问题，如果能够建立扶持OJT的体系，就可以显著提高学习效果。麦当劳和优衣库的过人之处就在于它们认真研究并对OJT进行扶持。例如，制作可以随时复习和对照检查的教育视频，健全辅助学习的工具和体系。我在位期间，汉堡大学有专人负责制作年度DVD和培训手册。尽管可能做不到他们那样，但还是有必要认真思考如何更好地提升现场OJT的效果。

至于"教育培训的对象是谁"的问题，在第一章已经谈到，身处人财求而不得的时代，我们必须调动现有员工的能力，也就是注重"义务教育"。下面对此进行补充说明。

以全员提升为目的的义务教育的反义词是"精英教育"。精英教育指的是进一步提升特定人财的能力。我并不否定这种教育，而且我认为它确实具有一定的效果。但问题在于一些经营者认为"我们公司实施精英教育，因而我们公司有教育体系"，这种观点是不符合当今时代的要求的。前文也曾讲过，重点关注优秀员工，对未能达到公司标准的员工不闻不问，这种人事政策在眼下这个求人不得的时代并不可取。我建议在筹划"明示标准""教育培训"的时候一定要从"全员提升"的角度出发。

而在规划"全员提升"时，下文的"提出要求"和"给予评价"比"教育培训"更加关键。

3. 提出要求

如果员工在教育培训中学到的知识不能在现场工作中实践，那就毫无意义。因此我们一定要"提出要求"，也就是上司或老员工要求员工在现场实践所学内容，绝不放过任何一处疏漏或失败。换句话说，就是坚决实施"追踪"。

迅销集团的董事长兼总经理柳井正曾经说过："没有要求，下属就没有反馈。"我深表赞同。然而忽视这一问题的企业数不胜数。不论是集中培训还是OJT，半途而废的情况比比皆是。一些现场和人事的人会说"哎呀，已经教过了，还是不会干"，这是一种典型反应，因为没有提出要求，结果自然就是"教教而已"。

我们经常会听到这样的抱怨："所有店长都参加了人际技能培训，但却没有任何收效。"然后武断地下结论说："那个培训是白费工夫。"这种情况会严重挫伤教育的积极性。

明示标准之后，也就是在研究了教育培训的必要性之后，教育培训不应该就这样不了了之。那么为什么会出现这些抱怨呢？这是因为没有在教育培训结束后的实践阶段"提出要求"，更没有给予后文的评价。

要求在现场工作中实践所学内容，并对结果给予评价。遵循这个程序，那么每个人都能够学有所用。即便刚开始时做得并不出色，但是在"给予评价"的激励作用下，人都会努力争取进步。每个人都怕麻烦，如果对麻烦事视若不见，那么麻烦就永远存在。

操作性强的工作需要在现场予以指导，例如在后厨指导烹饪技术等OJT教育时，提出要求会变得相对简单，很容易判断对方的操作是否正确。但是对于教练、领导力等人事技能，很难追踪提出指导要求。同样在指导兼职员工等下属如何待人接物时，也不可能时时刻刻地观察他们的所作所为，而且并不是所有情况都有标准答案。

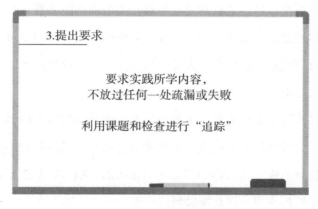

图2-5 提出要求

依然是日本麦当劳解决了这个难题。譬如集中培训，他们在授课之后一定会布置课题，例如半年内能否在现场业务中实践培训所学。而且课题完成后，上司一定会进行检查验收。也就是"追踪"。具体的课题均涉及业务方面，如"培养两名教练""半年内建立稳定的排班表""三个月妥善安排订货"等。在培训中学习了这些技巧之后，应该由上司来判断是否做到了在现场活学活用。确认无误后，授课才可以结束。关于要求的方式，"课题""上司检查"等方法无疑对人财培养是行之有效的，因而应该实现要求体系化。

入职培训也是一样，比如教了员工打招呼的方式，但员工被分配到具体部门之后却没有照做，类似的情况必然存在。教的内容没得到实践，问题就在于职场前辈没有提出要求。寒暄上有所疏忽，一般没有人会开口提醒。因而这种情况下一定要提出要求。

另外为了实现追踪，上司务必要了解下属的培训内容。店长接受完教练技巧的培训，那么他的上司只有了解培训的内容才能进行追踪。这方面的门槛还是很高的。但是如果想要让培训真正发挥作用，就必须做到这一点。

此外，为了防止造成误解，我再赘言一句，"提出要求"未必是"严厉地命令"。当然这种情况也不可避免，但是要注意不要"居高临下发号施令"，而是要在日常工作中，在一般性的交流当中表达"提出要求"。因此平时就要拉拉家常，留心创造轻松愉快的谈话氛围。最后根据沟通交流的质与量，提出易于让对方接受的要求。

4．给予评价

给予评价极为重要。没有评价，难能可贵的教育指导很可能会沦为无用功。如若通过教育和现场业务经验掌握某项技能，在实践时没有得到相应的反馈，那么这种实践就不可能长久。比方说掌握教练技巧之后，下属的管理能力应该会有所提升。理应对此进行评价。通过不断评价实践效果，将"明示标准"和"给予评价"紧密联系在一起。

4.给予评价

直接提出每个人的
优点和不足

图2-6 给予评价

人财培养总体上有两种途径：一是"放大优点"，二是"改正不足"。除此以外别无他法。

所谓评价，就是直接提出每个人的优点和不足。极端点来说，即便是只评价而不教育，也能达成人财培养一半的目标。教育当然很重要，但在实践教育内容的过程中，评价必不可少。明白无误地指出优点和不足，我认为这才是对被培养者的关爱。

然而一些时候，如此重要的评价并没有体系支撑，而是依赖于经营者的"直觉"。而且很多制定了评价制度的企业，其制度执行并不顺利。一些企业实施了设定目标，而后每半年总结一次的业绩评价制度，得益于这种业绩评价制度，公司提高了业绩，公司的综合实力也得到了提升。

虽然对于那些建立健全了业绩评价制度的公司，自不必多言。但是那些没有发挥作用，或者机能不健全、制度含糊不清的公司，下文可供参考。

麦当劳和优衣库之所以成功，是因为它们尤为注重"提出要求"。绝对不会在教育之后就放任自流。要求的标准清楚明确，并且形成了普遍适用的规定，因此每一家店都如出一辙。一言以蔽之，就是具有强大的"贯彻力"。人只有在这种环境下才能够获得成长。

如果你是一位人事负责人，感到"实施了教育培训但却毫无起色"，那么问题出在公司。"毫无起色"常常会被错误地归咎为是员工的问题。但多数情况下，都是因为公司的"半途而废"。

这里就要看上司是否具备培养能力。培养能力的差别就体现在教育内容能否在现场得以实践。要看上司能不能提出要求并给予合理的评价。

我们必须要"追踪"员工有没有在现场实践所学内容。前文提到，如果要追踪，上司就必须了解下属的培训内容。对此，日本麦当劳做法是把新的培训内容发送给没有参加过培训的其他层级的员工。或者是进行两小时左右的概要培训。因为要去往全国各地对店长进行培训，工作量极大，想要达到这样的贯彻执行力度绝非易事。投放新产品时，首先集中培训区域经理，再集中培训店长，然后店长培训店内员工。这便是贯彻力的根基。

因此日本麦当劳形成了标准的培养模式，店长负责二至三名副店长，副店长负责约五十名兼职员工。此外还有十余名肩负培养责任的兼职领班。总而言之，大家共同营造了良好的人财培养文化。

优衣库也类似。虽然从教育方法而言确实十分严格，但这也成就了良好的贯彻力。我认为贯彻力就是成长的根本动力。

麦当劳的教育方法相对温和。教育过程中兼顾了人文关怀。美国麦当劳也折射出了对人种多样性的包容。尊重兼职员工，称呼姓名，以及使用请求而非命令的方式进行交流都已经成了规章制度。

人财培养中"教育培训"和"给予评价"缺一不可

评价直接关乎人财培养

前文讲解了成长循环的相关内容，在我看来，"教育培训"和"给予评价"在人财培养中各占百分之五十。

如果没有"给予评价"这种反馈，那么员工就不会去工作。"不去工作"或许有些言过其实，但说会变得"没有干劲"并不过分。

可能有人会说："即使没有给予评价，但员工只要喜欢这份工作，还是会坚持干下去的。"但这种员工只是少数。我们不应该持这种侥幸心理。

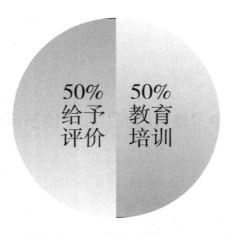

图2-7 人财培养的50%是"教育培训"，另50%是"给予评价"

人在获得好评后会更加卖力，而在评价结果不佳时便会想要在下一次进行挽救。因此，评价与人财培养直接相关。

近来评价的重要性愈发凸显，也与低迷的经济脱不开关系。当初日本经济持续增长，虽然得不到工作评价，但是工资一直在上涨，因而员工并不重视评价。然而，泡沫经济崩溃之后，时至今日工资基本原地踏步，努力工作取得成果的人和不怎么努力的人就拉开了工资差距。但是不怎么努力的人并不了解出现这种差距的原因，所以产生了不满情绪。成果很重要，但日常的工作态度同样不容忽视。如果没有行为评价、锤炼人格的评价制度，那么经济低迷时代的根基将会发生动摇。

促进员工成长进步

激发员工认可工作价值

让员工抱有长久工作下去的想法

图2-8　评价制度的目的

对此可能有人会说："数据好看不就行了吗？"但是业绩不仅受制于外部因素，也会有运气的成分，因而有时并不具备说服力。营业额固然重要，但是在现场，团队内部的互信关系也不可小视。从长远来看，有些时候后者显得更为重要。

不过，评价的难点在于无法量化。因为工作的主体是人，那么就存在张与弛、好与恶的问题。公司在进行评价时要将这些因素考虑在内。如此复杂的评价工作可能有些公司不会去做，或者是做不到，但如果不去做，那么不仅无益于个人成长，也会有碍于公司发展。

这种评价标准本身可以粗略一些。制订事无巨细的评价标准，会给考评人员徒增负担。我建议制订一个大致的标准，然后由"评价会议"共同评价，而不是把评价工作交由某一个管理者。

制订有助于人财培养的评价项目

公司应该如何实行对员工的评价？这取决于经营者的态度。经营者应当把评价的目的聚合到为人财培养而服务这个目标上。

对于"为了提高评价而努力工作"的态度，我并不反对。"得不到好评的事就没人干"，经营者没有任何道理发这种牢骚。在我看来，"不干得不到好评的工作"是人之常情。如果经营者真心想让人来干某项工作，那么就应该把这项工作纳入评价项目。

例如，如果让下属明白"店铺更加清洁卫生就能提高个人评价"，那么他们就会努力打扫店铺。公司有必要主动把这些希望员工去做的工作制定为评价项目。只会发号施令，人们自然不为所动。没有反馈的工作是不会有人去做的。

麦当劳和优衣库的所有员工都非常重视评价，每个人都在以为了提高评价而努力奋斗这种正确的态度对待工作。在这里我认为不能寄希望于人的觉悟。当然，很多事情不用教也能做，但是所做的结果却是因人而异的。

骨干或专家级别的员工在指导新手时常常会有这么一种思想，那就是"这种事不用教也能做"。然而很多事情就是因为没有教育指导才做不到。尤其是近年来，应该由家长和老师教导的东西越来越多，应接不暇。老员工会说："最近的新人连座机都搞不定。"可是现在的年轻人从小只接触过移动电话和智能手机，这也情有可原。重新教一遍即可。

不同公司，不同组织，在评价项目上的关注点必然有所不同。行业特性不同，企业文化不同，侧重点也各有差别。不过，在制订评价项目时，都不能忽视"促进员工成长，激发员工积极性，留住人财"这三点基本原则。

延伸阅读 2 OJT 的明显缺点

OJT是一种卓有成效的培养方法，这一点毋庸置疑。经理或老员工在现场的实际工作中向下属传授知识，随时随地根据不同情况加以指导，具有立竿见影的效果。

但是，需要注意OJT经常会演变为"全权委托现场的在职培训"。公司方面往往也觉得"没问题，就交给那个店长"。

除此以外，OJT的另一个缺点就是培养效果严重受制于教练个人。即便是经验相同，技术水平相当的经理或老员工，在教育指导时也会有所差异。而且教练个性千差万别，有的人不厌其烦有问必答，有的人则不然。如此一来，就会出现遇到好前辈的年轻人迅速成长，其他年轻人难以成才的问题。

然而目前绝大多数企业的人财并不充裕，兼职管理者越来越多。因此担心"OJT不能很好地发挥作用"的企业非常之多。

针对这一问题，正如第二章正文部分所述，需要构建一种每个人都能获得同等水平教育的体系。

而在这一体系中，针对领导层的教育最为重要。

麦当劳和优衣库在人财培养方面大力实施领导教育。兼职领班是兼职员工的领导，店长是店内所有员工的领导。区域经理是店长们的领导，营销总监是区域经理的领导。领导的职责是培养自己的下属，引领他们更上一层楼。如果每一层级都能认真对待，那么整个公司全部店铺的QSC都能保持在一个较高水平，顾客满意度也得到提升。

这时，成长循环的"明示标准"就会比OJT更为有效。它不仅可以缩小教练之间的差距，还可以让教育指导更加简便容易。例如，用离职率表示兼职员工是否稳定，制定适用全体的目标值，从而促进领导改善与具体下属之间的沟通交流。服务的节奏同样可以量化。客人就座之后，几分钟后上水，几分钟内上菜，都可以根据数值制定规则，这样可以让指导和训练变得更加方便。

只要建立这样的体系，那么OJT就能成为真正卓有成效的培养方法。首先是实践体系化的OJT，进而利用集中培训弥补难以在OJT中掌握的知识技能。只要二者相辅相成，人财培养就能近乎于比较完美。

店长（经理）教育的精髓

三

本章将介绍如何培养堪称服务业事业核心的"店长"。

所述理念和方法并不仅限于店长，而是具有普遍意义，适用于广大经理群体。

培养店长的难度不是培养新员工所能比拟的。但是，店长不能培养成才，等同于企业不能发展壮大，因此这可以说是一个极为重要的经营课题。

其基础是依然遵循成长循环，此外还有一些值得思考的要点。

应该如何培养店长

店长责任重大

本章将围绕"店长培养"讲解理想的培养状态和体系。

说到为什么要特意将店长培养独立成章，一方面是因为店长培养对于服务业而言非常重要，另一方面是它难度很大。不仅是服务业的店长，贸易公司的销售科长等现场领导层同样如此。他们都是一个企业中位于一线，担负销售责任的重要职务。对于他们的培养在难度和方式方法上都不同于新员工基础的技术性培训。因而将其与探讨人财培养全貌的上一章分开，在这里单独讲解。

店长培养的首要难题，借助成长循环来解释，就是其中"明示标准"环节的内容极为重要，而且与企业业绩直接挂钩。而且公布的标准所涉及的范畴比普通员工更加广泛。店长不仅要具备让众多员工团结一致的领导力和管理能力，而且肩负培养员工的责任。总而言之，店长不仅要作为一家店的代表人物开展行动，而且还要从事其他多项工作。

另一个难题是店长与负责培养店长的区域经理的交集较少。但凡是连锁规模的服务行业，无一例外都存在这个问题。事实上，区域经理要管理多家店铺，各位店长每个月只能见到他一次的情况并不罕见，直接对话的时间更是少之又少。

店长处于放任状态

当我在日本麦当劳担任区域经理的时候，负责六家门店，每个月同各位店长单独聊天的时间仅有区区两到三个小时。其中专门一对一地聊人财培养问题的时间更是少得可怜。由于这种情况，工作基本上就是"全权委托"给他们的状态。也就是意味着稍有疏忽，就会任由其处于放任自流状态。很多服务行业都为"店长难以培养"而头疼不已，但确实培养时间极为有限，从某种角度而言也是情有可原。所以从这一点来看，店长培养的难度很大。

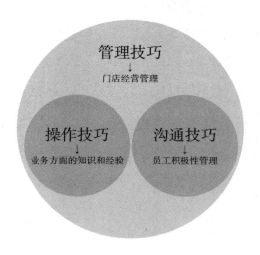

图 3-1　店长需要掌握的技巧

如果教练就在身边，那么不但可以马上提出问题，而且能够给予准确的评价，然而现实情况并非如此。诚然，确实有一些优秀人财可以放心地把现场交给他们。但是这种人只是极少数，绝大多数是做不到的。

店长作为一家店铺的一把手，从店铺经营到客户服务，乃至包括兼职员工在内的人财培养，需要兼顾方方面面，而这种状况的弊端就是有时店长会孤立无援，而有时又摇身成为土霸王。几乎没有一个店长会听取下属的意见来端正自己的言行。

而且除非发生问题，否则总公司是不清楚店长目前是怎样一个情况的。并没有多少人在全权负责一家店之后，还能够冷静地自我评判、严于律己。因此公司要尽可能创造对所有人（包括店长）进行培养教育的机会，并能做到及时跟进。

这一点如何实现，是企业的一大课题。结论就是必须要建立上下级之间只需短暂的接触时间便能够实现人财培养的体系。

从入职那一刻就开始的店长培养

店长要培养候补店长

我认为从一名员工入职的那一刻起，店长培养的培训就应该开始了。从单项操作到员工管理和店铺利润管理等等，公示各项内容的"标准"，设定人员培养的阶段。新员工的确应该从技术性业务学起，但是不能仅限于眼前的工作，要假设他在几年后会被提拔为店长，如果在这个前提下建立培养体系，那么教育的效率一定会得到提高。

日本麦当劳所采用的方法是在员工尚未成为店长之前，让他们接受店长岗位培训，并且通过OJT予以教育培养。换言之，就是店长来培训候补店长。让店长和下属成为师徒关系，从而增加共处的时间。培养不能一蹴而就，关键在于积累。日本麦当劳就很注重积累，其中既有这种店长主导的教育，也有在汉堡大学举行的培训，还有成为店长之后的反复实践。

日本麦当劳约有3000家门店，3000名店长，这也意味着有3000名店长教练。他们共同构成了高效培养体系的基础。

但如果就任店长之后才开始培养，那么培养的主要负责人就变成了区域经理，教学双方的交集较之于前者骤然减少。而且一名区域经理需要培养六到十名店长，这种做法显然是强人所难。因此，如果不能实现体系化，那么店长培养，也就是现场领导者的培养将会十分艰难，对于企业而言，这也是最重要的着力点。

确定目标并分阶段地委派工作

在尚未就任店长之前的店长培训可能乍一看去难以实践，但其实不然。

首先你可以确定一个目标——让新人在两年内成为店长，然后在日历上写下在此期间需要他做什么，制作一个计划表。例如，入职半年后教给他怎样给兼职员工排班，在半年内让他学会在排班时统筹人员开支并确保服务水平不下滑，而且不能给顾客造成影响。或者是在控制原料的前提下确保订单数量。这些工作都是只要教就能学会的技术，也就是只要积累一定的经验就能做到。

不仅是服务业，能否胜任工作与员工素质高低关系不大。奠定基础之后，就可以通过现场实践对其工作能力加以锤炼提高。抛开这些做法而给人贴上"这个人能干，那个人不行"的标签，没有任何意义。

利用初期教育使其具备沟通能力

店铺的实操工作固然重要，但是店长对下属的管理更加不可忽视。我认为优秀的店长都有一个共同的优点，那就是具备超强的沟通能力。

举例来说，一家店长能够与员工们保持良好沟通交流的店铺，兼职员工的保留率也能保持一个高水平。反之店长缺乏沟通交流，店铺的辞职率就会很高。因此，在提高兼职员工保留率方面，店长的沟通交流能力必不可少。

这种沟通交流能力一定程度上取决于与生俱来的性格和资质。有些人虽然业务能力很强，但却不擅于和人打成一片，或者要敞开心扉需要花费很长时间。但是沟通交流并不完全依赖于天资，是可以通过教育加以学习掌握的。

关键同样在于初期教育。例如前文提到的始于入职之初的店长教育，可以在入职三个月后，分别委派三个人负责新的兼职员工。三个人的话完全可以胜任对新人的指导工作。店长也可以通过观察这个过程来判断兼职员工学习速度的快慢并给予建议，有计划地进行培养。这样即使是新人，也能掌握沟通交流能力和培养后辈的能力。

如果能够像这样以两年时间为跨度来安排需要提前学习的内容，那么就能够近乎全面地掌握现场领导必须要做的工作，而且能够逐渐具备最基础的人际能力。

下面较为具体地讲一讲提升沟通能力的要点。

首先，大前提是务必要尊重对方。不论对方是正式员工还是兼职员工，再忙也要讲究礼貌。叫人时应当称呼姓名，而不是"喂"或"那个谁"。谈话时要认真地看着对方的眼睛。要用请求的语气，而不是发号施令。当对方完成某项工作时，要真挚地表示感谢。

这些看上去似乎都是理所当然的，但如果只是把手下的员工当成劳动力，那么很容易忽略这些方面。不仅如此，还要把员工看作是共同成就了店铺生意兴隆的"伙伴"。这种"伙伴观念"或"团队意识"不单单是在服务业，在任何组织里都是构成良好的沟通交流的基础。

另一个要点是保持倾听。沟通交流的前提是听懂对方的话。当人身处店长的位置下达指示时，经常会不自觉地变成一言堂，在自己开口之前，要留心倾听对方的话。尤其是兼职员工，他们很难主动同店长攀谈，因此还需要具备让对方开口表达的技巧。这同样可以通过教育学习掌握这门技巧。

教练技巧比教导技巧更重要

培养包括兼职在内的店铺员工，是店长的重要职责之一。我自己在培养店长时感触尤深的一点就是教练技巧比教导更重要。

所谓教导，就是把正确的知识和方法教给不具备业务知识的人，尤其是针对新人很有必要。相对应的教练，则是协助对方达成目标。具体来说，是通过"提问、倾听"的对话方式，牵引出新的关注点，开阔思维，提供更多的行动选择，而非直接告诉答案。如前文所述，这种方法的核心就是保持倾听，让对方开口表达。

例如，日本麦当劳和优衣库在向新员工讲授开门营业和打烊等业务时，因为新员工缺乏经验，所以会采用教导的方式从头教起。

在进行教导时，因为店长自身的技能水平很高，足以教授实操性内容。难点在于如何让已经有一定实操基础的人更进一步，这时店长之间就会产生差异。这种差异来自于一个人在某种程度上能够独当一面之后，他是继续保持着高昂的积极性继续前进，还是就此逐渐丧失斗志。这种差异是巨大的。因而此时教导就失去了意义，需要的是教练技巧。

例如，让他考虑如何降低兼职人员离职率、如何提高休息日的营业额等，在这些答案并不唯一、选择多种多样的情境中激发他的自主性，这便是教练。

我自己在集中培训时也学到了许多关于提高沟通交流能力、人际能力、人格魅力的知识。

我第一次当上店长是入职后的第二年，当时最头疼的就是和员工打交道。原本我就不擅长沟通交流，欠缺倾听的技巧。仗着自己精通店铺的实操业务，当上店长之后踌躇满志，制定了很高的目标，然而员工对我的要求无动于衷。一方面要求的确过高，加之当时我自己并未注意到这一点，一度和员工势同水火。结果大家都消极怠工，兼职员工也一个接一个地离职了。

但是我之后参加了汉堡大学举办的店长培训项目，也实践了区域经理给出的建议，并且提高了沟通交流的能力。我逐渐学会了倾听，成了一名受人信赖的店长，至今想来，依然历历在目。

借助前文提到的就任店长之前的OJT和培训，可以提前学习领导力、教导和教练、辅导等技巧。所谓辅导，就是利用倾听的技巧，了解对方心中的疑问和烦恼，并通过谈话的方式给予帮助。掌握了这些技巧，可以在遇到各种情况时采取相应的方法，也可以主动将这些技巧应用于实践之中。

"为了提高评价而工作"是正确的

把店长会议当作课堂

另一方面，对于时常深感孤独的店长来说，参加以区域为单位、由区域经理主持的店长会议大有裨益。即便只有寥寥数人也没有关系。会议进程中，区域经理逐一询问有关业绩提升的数据和管理，了解店铺员工培养情况，各位店长依次作答，而聆听其他店长的回答也会获益良多。

这方面我有亲身经历，我当时所在的区域有好几个老店长，优秀的店长总让人感觉他悠闲自得。因为刚当上店长的时候我总是疲于奔命，所以这让我羡慕不已，同时也是一种激励。优秀的区域经理有意利用这样一种形式，让这些优秀的店长对其他店长施加有益的影响。同时，店长会议还是一个可以倾吐那些不方便向员工诉说的疑问和烦恼的地方，而且倾诉可以避免陷入孤独，这都是店长会议的明显优点。

有助于店长培养的成长循环

作为"教育培训"的前提，"明示标准"在这里同样十分重要，进而加入"提出要求""给予评价"，店长必然会实现成长。在达到相当于一名合格店长的技术水平之前，设定标准，要求实践，并且预估进度。如果进度延误，那么是本人的问题还是上司指导能力的问题也都一目了然。

店长培养同样要以成长循环为基础。规划对店长未来的期望，他的作为以及水平层次，并进行教育和评价。

"给予评价"方面，至少每半年要评价一次，由区域经理对店长进行面对面的评价，找出好的方面和不足之处，共同研究下一阶段的问题，这种做法效果显著。

我希望组织内部能够开诚布公地探讨一下怎样获得更好的评价。在区域经理和店长之间可以探讨，店长和店铺员工之间同样可以如此。

基于评价的对话有助成长

如果有人说"你工作就是为了获得好的评价"，或许有人会心生不悦，但假如没有形成为了提高评价而工作的意识或价值观，那么评价也就失去了意义。评价是实现成长的必要组成部分。应该同上司讨论如何在下一阶段提高评价。养成这种习惯，组织必然会取得进步，进而公司也会变得更好。

对于店长的评价必须要将"尽快提升人格魅力"等评价项目纳入其中。当然，以业绩为基础的量化评价很有必要，但是服务业的业绩会受到外因影响而上下波动，因而把业绩作为评价个人成长的唯一标准并不恰当。

行为是可以改变的

聚焦行为而非性格

我担任店长的时候，时常会关注八十名兼职员工当中有多少能够保持高昂的工作积极性。

比方说，十分之九的人斗志昂扬和十分之九的人萎靡不振，这两种状态的结果截然不同。自不待言，取得好结果的都是积极性高的人。

如果大家都保持这个状态，那么店长几乎可以不费吹灰之力大获成功。这个状态不仅能保持高水平的顾客满意度，还能实现营业额、利润等目标。

假设店长不在，积极性高涨的员工们会抢先打扫卫生，主动节约水电费。想要打造完美店铺，关键在于能够让员工保持昂扬斗志的沟通交流技巧。具体来说最重要的是教练技巧。经过某种程度的训练，就能够做到通过倾听和提问，让对方表达所思所想的同时，提高对方的工作积极性。

缺乏主观意愿，人的行为便不会改变。如果要管理员工，就要聚焦于他的行为，而不是他的性格。这是人财培养的基础。人虽然本性难移，但却可以通过建立意识来改变他的行为。当人完全放松，放空大脑的时候，人就会想要待在自己感觉最舒适的地方，如果能够有意识地加以改变，那么就会形成一种习惯。

店长必须不断给员工创造机会来改变行为。而这些机会其实就是教育和评价。

这里举一个例子。我当店长的时候，有一个兼职女高中生，她在招待客人的时候面无表情。但是她在休息室里却是活泼开朗，聊起天来笑靥如花，这份明媚的笑容也感染了一起工作的同事。

在面对面评价时，我谈到她的笑容和开朗的性格具有改变周围环境的力量，如果她能将这种力量发挥到招待客人方面，那么将会给客人和店内的同事都带来积极的影响。这次面对面评价之后，她的服务态度有了明显改善。

吃一堑长一智

这里再回顾一下我自己当店长的亲身经历。八年间，我担任过七家日本麦当劳门店的店长。当时很多人大约在担任五年店长之后就会被提拔为主管，八年算是有些久的。在自由丘店、三轩茶屋店、新宿Studio Alta等店任职店长之后，又担任赤坂见附店（新开张门店）的店长。这对我来说是一个很宝贵的机会。本想一举成功，获得公司的肯定，结果却遭遇了首个挫折。

因为门店的地段很好，所以一开张就销量火爆。然而在员工招聘方面却是大费周折。由于所在位置是办公区，附近没有学校，也就没有家庭主妇和学生。在赤坂见附店的两年，公司对我的评价始终原地踏步。由于难以招到人手，我作为店长起早贪黑脚不沾地，然而却发现自己身体的消耗和个人成长不成比例。不过这也确实锤炼了我工作的耐性。

有过这样一次经历，我意识到必须要主动对自己的行为方式做出调整。业绩节节高攀得益于地理位置，与我这个店长的努力无关。可能公司也是这样认为，公司想要看看在这个员工人手紧缺的门店，我会采取哪些措施，做出怎样的努力。

例如，当时我进行了分析反省，发现由于招不到人，所以无法培养兼职领班。虽然遇到了用工荒，但是我具备在上一家店——新宿Studio Alta门店成功的经验。在新宿可以很容易地招聘到兼职员工，从而得以培养兼职领班。我将这种经验沿用到了劳动力稀缺的赤坂见附。

这段艰难的经历，让我更加注重在人财培养方面发挥主观能动性。

增进与员工之间的沟通交流

之后我在担任店长的门店，利用培训的机会，重新温习并实践了与人沟通交流的技巧。麦当劳的教育是一贯制的，一脉相承，但积累的经验越多，难度设置也会越大。

随着培训进程不断加深，我有意识地增加了同员工之间的沟通交流，包括拉家常聊闲天，也更加仔细观察每个人的行为举止。但是当我自己忙得焦头烂额的时候，不仅自己疲惫不堪，员工也同样十分劳累。并且我对员工的要求也会逐渐松懈，最终导致QSC等店铺水准日渐下滑。

我从失败的教训中学到了一名店长该如何去规避这种风险，保证员工昂扬的工作积极性。

这便是我改变自身行为方式的契机。

延伸阅读3　优秀店长的共性

　　第三章介绍了店长培养方面的内容。虽然"店长谁都能当"的说法未免有些言过其实，但是也确实不需要有什么特别的才能，我们只要了解店长是可以培养而成的就够了。

　　那么，优秀店长的共性是什么呢？

　　想必答案不可胜数，而在我看来有四个方面："善于与人打交道""对数字敏感""执着于让顾客满意""不达目标誓不罢休"。我认为每个人的个性可以不同，但是一位优秀的店长必须要具备以上四个比个性更加重要的特性。

　　"执着于让顾客满意"算得上是服务业工作者的必备素质。站在客户的角度换位思考，是一项基本要求。店长代表的是店铺的立场，与个人立场无关。如果一味追求业绩或个人的评价，而不能设身处地地为顾客着想，那么必然会造成一些南辕北辙的问题。其结果很可能无法实现既定的目标。"执着于让顾客满意"与"不达目标誓不罢休"并不矛盾。为顾客着想有助于提高顾客的满意度，最终关系到业绩，也就是与实现目标密切相关。

"对数字敏感"显然指的是对经营数据敏感。在待人接物方面发挥极致服务当然是非常重要的，不过实现销售目标，严格控制人员开支等各项成本，从而确保稳定的利润，这也是一个店铺负责人必须要做的事。

考虑到目前的雇佣环境，"善于与人打交道"或许是最重要的特性。由于当前劳动力短缺，所以需要店长更加专注于做"人"的工作。这种环境与三十年前我当店长的时候截然不同。那时候只要招聘，就有人应聘，企业从中择优录取即可。而且就算是哪个人辞职了也可以轻而易举地找到后补。如今这种情况不复存在。因此店长要更多地聚焦于人，也就是与员工开展良性的沟通交流，更多地给予关怀和关注，尽己所能让他们工作的时日更久一些。

我认为善待顾客和善待同事在本质上是相通的。根本上都需要具备"人格魅力"。要具备这种人格魅力，就应该关心他人，认真倾听，放低姿态，学会基本的沟通交流。这就是所谓的"善于与人打交道"。

"善于与人打交道""对数字敏感"虽然需要一定的天赋，但这二者都可以进行后天培养。OJT和培训，以及基于这些理论教育的实践活动，都能够掌握和提升这两种技巧。想来培训的目的就是为了学习技能，假如天赋是绝对的、一成不变的，那么培训不就失去了意义了吗？毕竟直接招聘一个这方面的现成人财的时代早已经一去不复返了。

　　培养店长是一项艰难的工作，但我们也可以从"善于与人打交道""对数字敏感""执着于让顾客满意""不达目标誓不罢休"等四个方面探寻店长的培养方法吧？

第四章

如何设计和运用促进成长的评价制度

四

第四章将介绍评价制度。

第二章所介绍的成长循环部分也提到了
"给予评价"的重要性。

而本章讲解的是适用于全公司的、体系
化的评价制度。

目前很多企业都前来咨询评价制度,敝
公司也为引进评价制度提供帮助。

评价制度的重要性虽然已经是有目共睹,
但是并不是每一家公司的评价制度都能
运转流畅,而且很多企业仍在为如何引
进而头疼不已。

毫不夸张地说,评价制度决定着人财培
养的成败。

评价制度本来的目的是什么

评价制度的三个作用

Hospitality & Growing Japan是一家面向服务业提供人财服务的公司，创办以来的八年间总计培训了三千多家客户公司，培训人数超过三十四万人。

重视员工成长的公司如此之多，而且近来除了培训，越来越多的公司还会委托我们帮助他们引进评价制度。

正如第二章所述，我认为人财培养的百分之五十是"教育"，另外百分之五十则是"评价"。大部分客户企业感觉人财培养并没有达到预期目标。我想正是因为他们注意到仅凭教育还远远不够，所以才会有更多的公司前来了解评价制度。

1	促进员工成长进步

公司需要什么样的人财？公司希望人财做些什么？

2	让员工体会到工作的意义

对工作价值的理解因人而异

3	让员工抱有长久工作下去的想法

是否有长远目标？劳动环境怎么样？

图4-1　评价制度是为"人财培养"而存在的

其中有一些企业原本就没有评价制度，有一些企业虽然有制度，但是效果并不理想。

因此本章将讲解如何引进制度，以及如何让制度充分发挥功效。

首先来看一看"评价制度为什么必不可少""它本来的目的是什么"。

评价制度可以给员工对业务的贡献程度排名或打分，并且在薪资方面反映出来，与待遇挂钩。但是待遇和工资差别本身不是目的。如图4-1所示，其本来的目的可以归纳为三点，分别是：①促进员工成长进步，②让员工体会到工作的意义，③

让员工抱有长久工作下去的想法。用一句话概括一下，就是"评价制度是为人财培养而存在的"。在进行制度设计时不仅要把这一点作为中心主题，而且经营者对此也要做好充分的思想准备。这是一个大前提。

首要目的是促进员工成长

如果要实现促进员工成长的目的，首先应该明确"想要让员工成为什么样的人"，也就是准确刻画公司所期望的人财形象。这相当于是成长循环的"明示标准"，但是只有这一标准具有一定水准且能够做到，才能实现员工成长。第一步要制定公司的标准。每个人对成长的理解各有不同，但如果从公司的层面制定了标准，那么个人层次定位自然会向其靠拢。

我认为每个人在获得好评后都会想要更加努力，而在评价不佳时便会想要在下一次予以挽回。利用认可度高的评价制度给予评价，通过面对面的谈话给出恰当的反馈意见，让员工体会到工作意义的目的自然水到渠成。

过去"好评=晋升"，然而需要注意的是如今出现了一些并不渴望被提拔的人群。第二章也曾简要提及，例如，在服务业越来越多的年轻人"不想当店长"，工作的意义变得更加多元。对此要从制度上下手，比方说对于努力工作的人可以不提升职位，但是要给他加薪。

如何能让员工长久工作下去

要实现让员工抱有长久工作下去的想法这一目的，那么就要让全公司的人对"在这家公司将会获得怎样的成长进步""能力能否得到提高""能达到怎样的工资水平"等前景规划拥有清晰的认知。

前文提到经营者在引进评价制度时要做好充分的思想准备，这句话的意思是"制度一经建立就必须落实"。不落实，就等于不再支持员工成长进步。那么员工的工作态度将会怎样？自然是一落千丈。因此经营者必须要有思想准备。

一些公司已经建立了评价制度但是作用不佳，对于怀揣着这种苦恼的公司，我们开办了"改正评价制度研讨会"，在研讨会上首先会让这些公司重新审视评价制度的本来目的。文中已多次重复，评价制度的目的是人财培养。而对于这个已经如此强调的前提条件，大部分公司的反应仍然是"原来如此"。

评价制度运转不佳的五个原因

　　我们在这八年之间，帮助一百余家企业引进了评价制度。对象包括没有评价制度，以及评价制度运转不佳的公司。在同运转不佳的公司谈话的过程中我们发现，他们的失败之处大致上是相通的，可以归纳为下图4-2所示的五个方面。这五个方面就是需要改正的要点。

　　下面依次进行讲解。

1	没有对考评人员进行教育

举办考评人员培训和评价会议

2	没有将公司想要实现的事项纳入评价项目

明确公司想要实现的事项并给予评价

3	职业阶段和未来愿景模糊不清

明示待遇体系，尽可能明示晋升条件

4	过于复杂难以实行

简化制度，但是不能怕麻烦

5	没有执行的负责人，或者执行不力

敲定负责人，让负责人把评价当作最重要的工作来做

图4-2 评价制度的五个"改正要点"

1. 没有对考评人员进行指导

这种情况非常之多。甚至可以说绝大多数公司从来没有实施过考评人员教育。如果对此放任不管，那么评价制度不可能实现人财培养的目的。

如果考评人员本身没有接受过教育培训，那么将会出现各种问题，譬如说给下属打分的依据模糊不清（坦率地说就是给个"差不多"的分数），或者是不能理解评价制度的意义，态度消极，公司说什么他就做什么。而对于员工成长极为重要的反馈谈话也将是敷衍了事。

我想可能很多经营者都认为评价制度效果不好是制度内容本身的问题，然而实际上大多数时候，考评人员没有接受过评

价方面的教育才是真正的原因。

评价项目本身出现错误和偏差的情况其实并不多见。起码不可能设计出与现实情况完全相反的评价项目。因此只有大力实行考评人员教育，才有可能建立有利于人财培养的评价制度。

当我们在研讨会上指出这种情况时，几乎没有异议。考评人员教育是促进员工培养的有利条件——大家对此都表示赞同，近乎百分之百都是这个态度。或许是因为每个人都很清楚，作为一个考评人员，都曾经任由自己的好恶做出过评价。姑且不论具备客观指标的业绩评价，对于采用定性方式的行动评价，常常不仅是优劣含混不清，而且评价会被对被评价者的成见而左右。

2．公司想要实现的事项没有纳入评价项目

例如，千辛万苦地完成了经营者时常挂在嘴边的工作，然而评价得分却没有丝毫改变。"公司想要实现的事项没有纳入评价项目"所指就是类似的情况。在服务业随处可见。经营者开口指示是因为他"想让员工去做"，因此就应该把这项工作纳入评价项目，并且给认真完成工作的人一个良好的评价。

经常会有经营者视察现场时叱责说："店里太脏了！"但是假如打扫干净之后却没有得到好评，那么经营者的"指导"不过就是一句"牢骚"而已。员工看到老板发火自然会去做，但大多都是应付一时。充其量是不想让经营者发火。之后，没"好处"就不会干。而"好处"就是薪资、评价等"反馈"。

公司的重要事项，最好能够与评价直接挂钩。这样也有利于落实经营理念。具体来说，应该把"顾客满意度/QSC"纳入评价项目。只有这样才能直截了当地说明它们的对服务业利润的影响，体现出对它们的重视。

3．职业阶段和未来模糊不清

第一章也曾谈到过这个问题，看不到未来的职业阶段，换言之就是如果看不到"努力工作的结果"，那么就无法实现成长。必须让员工清楚明白地看到坚持不懈、努力工作的结果，比如加薪多少、能够提拔到什么职位等等。

评价制度应该反映在待遇上。然而出乎意料的是，很多时候现有的评价制度并不能在薪资待遇上反映出来。应当结合评价制度修改待遇体系，虽然会耗费一定的时间精力，但是一旦二者脱节，则不利于提高工作积极性和个人成长。

4．过于复杂难以实行

由于想要让评价更加精细、完美无缺，结果导致体系过于复杂。评价制度造成的负担过重，自然运转不佳。因为过于复杂的评价体系会让员工产生抵触倾向。应该尽量控制评价项目的数量和评语的篇幅。

后文给出了评价表格的范例，评价项目有一个大致框架即可，如果项目过于精细，不仅会让员工摸不着头脑，考评人员也很难从全局加以把握。

由于在评价期间逐一对照条目进行核对的难度很大，所以看漏的部分可能就不会给出评分，进而导致一些项目不得不草草作结。如果看漏的项目被打了低分，很可能会让被评价者质疑评价的可信度。而将项目归纳得更加粗略、抽象一些，反而可以避免造成误解。如果过度追求精准，过于死板，项目就会越分越细。

不过另一方面，制度的运转本身也不能怕麻烦。"请于某月某日前提交自评。自某月起，通过薪资津贴反馈评价结果"，制度运用就要像这样言出必行。如果怕麻烦，提出"这次的评价会议别开了吧"的话，那么制度将会流于形式。

建立评价制度会增加大家的工作量，毕竟它将动员全体员工。需要在一开始就做好行之不易的心理准备。也正是因此才要对其内容进行简化。

5．没有执行的负责人，或者执行不力

这一点无须赘述。必须要明确制度执行负责人，并让他把评价制度当作一项最重要的工作来做。

到此介绍了五个"评价制度运转不佳的原因"。只要出现其中某一方面的问题，那么评价制度的运转就有可能会受挫。因此有必要逐一对照检查并加以改善。

应该怎样对考评人员进行教育

考评人员应知应会的四个要点

前文已经指出，考评人员没有接受过评价方面的教育指导，那么就不可能给出恰当的评价，而我们的解决方法是举办考评人员培训和评价会议。

我们来介绍一下考评人员培训。举办考评人员培训时，可以围绕下图4-3所示的四个要点，采用课程学习和角色扮演等方式进行学习。

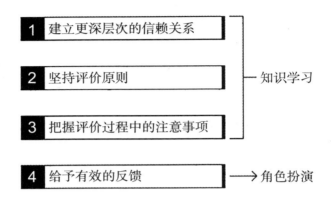

图4-3　考评人员培训的四个要点

1．建立更深层次的信赖关系

如果考评人员和作为评价对象的下属之间缺乏信赖关系，就会造成被考评人员对评价的认可度低的问题。

如果建立互信，那么不当之处会得到如实的反馈，被评价者也能坦然接受。这一点类似于领导力培训。

也可以在课程学习中介绍麻省理工大学丹尼尔·凯姆教授提出的"成功循环模型"。

用一句话概括这个模型就是，一个组织的成功始于"成员之间深层次的信赖关系"。例如，店长经常与员工沟通交流，组织内部成员之间"关系的质量"就会有所提高，个人也会得到更多启发，"思考的质量"也就提升了。"思考的质量"得到提升后，行为就会更具有主观能动性，进而"行动的质量"也就提高了。"行动的质量"提高则"结果的质量"也随之水涨船高。取得了良好的成果，会进一步增进组织成员之间的信赖关系，进一步提高"关系的质量"，形成良性循环。

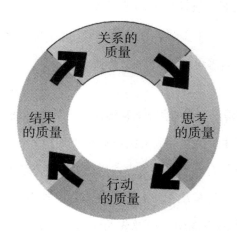

图 4-4　成功循环模型

店长的眼里往往是只有业绩，但是如果要取得成果，首先必须同员工建立信赖关系。让店长接受课程学习，可以学习一些在现场容易忽略的管理问题。

2．坚持评价原则

评价具体行为，遵守评价期限（期限外的情况不再纳入评价），对工作而不是对人进行评价等等，为了实现公正的评价，要充分理解这些必须遵守的原则。

3．把握评价过程中的注意事项

考评人员要学习有关评价的一般性知识，理解"避免过度中庸化""避免过度宽松"。

4．课程学习和角色扮演相结合，给予有效的反馈

评价最主要的作用就是要准确地把评价反馈给被评价者，让下一次行动有所改善。这点可以通过角色扮演的方式来学习如何反馈。目的是让考评人员亲身体会在考评面谈中什么话可以说，什么话不能说，以及先给予表扬后提出问题点的面谈顺序。

是否进行这种角色扮演，会产生巨大的差别。因为人们虽然心里明白，然而在实践中却会出现意想不到的情况。

例如评价不佳时，要如实告知其不足之处，这种态度无可厚非，然而很多人往往是到这一步就戛然而止了。尽管该说的

都已经说了，但如果面谈不能让对方产生"我要好好利用这次的教训，下次继续努力"的想法，就无法达到人财培养的效果。虽然我们知道结束考评面谈时，被评价者的态度不应是消极的，但总是很难把握这个度。尽管领导也不是有意为之，但这就是问题所在。因此我们要学会说话技巧，先表扬优点，然后再指出需要改正的地方。

此外在面谈的最后，一定要详细谈一谈"下一步的打算"。草草告知评价结果的做法不会产生任何人财培养的作用。因为是考评面谈，所以告知员工评价结果是必然的，但如果以人财培养为目的，那么就必须要聊一聊"根据这次评价的结果，下一次要怎么做"这个话题了。这里就需要考评人员具备能够引导对方自主设定目标的教练技巧，因此要将其作为考评人员培训的内容之一。

考评面谈反馈质量的优劣，决定了下属的成长幅度。每一位管理者都要掌握行之有效的反馈方法。这可以通过课程学习和角色扮演双管齐下。

以上就是考评人员培训的要点。

制度落实的关键——评价会议

什么是评价会议

我们认为评价会议是公司明确评价标准的重要组成部分，是锻炼考评人员，构建有利于人财培养的评价制度必不可少的环节。

例如按照区域召集店长和区域经理等一次考评人员，让他们分别就如何评价下属发表意见以"统一视线"，这就是评价会议。店长级别的评价会议讨论针对店铺员工的评价的合理性问题，区域经理级别的评价会议则是探讨如何评价店长。而且可以让二次考评人员参与其中发表意见，例如区域经理参加店长级别会议，营业部长则参加区域经理级别会议，这样可以将各个层级的会议串联起来。因为每一位发言者都要说明自己这样评价下属的理由，所以自然都会注重评价的准确性和公平性，而且因为要回答二次考评人员的问题，所以还要做好周全的准备。

我担任日本麦当劳的区域经理时，评价会议共有约三十名区域经理参加。因为平均每个人要负责六家门店，所以要宣读并研究对总计一百八十名店长的评价。这是一场从早晨持续到晚上，近乎用时一整天的重大活动。

评价会议的三个要点

在评价会议中应该关注哪些事项？图4-5归纳了三点。

1　检查考评人员是否了解评价项目的含义，是否进行了评价

考评人员需要确认大家对同级别员工的评价结果是否有偏差

了解其评价项目的内容和依据

2　检查考评人员是否根据事实进行评价

让考评人员说明"为什么这样评价"

了解其进行评价的事实依据

3　检查每名考评人员评价的宽松/严格与否，确认是否存在错误

参考其他考评人员的评价结果

发现自己的评价的惯性错误，以便今后加以改正

图4-5　评价会议中应该思考的三点注意事项

评价会议最重要的事项就是检查考评人员是否了解评价项目的含义，是否进行了评价。参加会议的考评人员需要确认大家对同级别员工的评价结果是否有偏差，如果有异议需要提出疑问和大家一起探讨。

第二个重点是检查考评人员是否根据事实进行评价。

业绩固然是评价的必要依据，但是以人财培养为目的来看，业绩这一个依据并不充分。我们使用的是"行动评价"一词，不仅要对业绩这一行动结果进行评价，还要严格评价其在全过程中采取的各项行动，例如他是怎样指导下属的。

然而事实上有不少企业都做不到这一点，而是在评价时仅仅用业绩说话。如果只用业绩来评价的话就简单多了，就没有必要耗费这么多人力、时间来开会了。

实际上，我在日本麦当劳担任区域经理的时候，每次评价店长的"培养能力"时几乎没有观察过店长是如何培养店员。那么我是怎样评价培养能力的呢？我的评价依据就是我造访这家门店时，这家门店所呈现出来面貌。员工工作时是否活力充沛、有元气，是否能够按照手册快速操作，能否热情洋溢地对待顾客。这些店铺运营的外在表现反映了店长的培养能力。较之于店长实际对谁进行了指导教育，这些表现能够更加准确地评判他的培养能力。

为什么要引入行动评价

引入行动评价的确会增加评价制度的难度。但是，如果对于那些业绩格外出众，但在为人方面有所欠缺的人给予了过高的评价，那么从公司的角度来说未必是好事。长远来看，倘若这种人大量占据要职，将会造成极大的隐患。因此，需要利用行动评价，找出沟通能力强的人、具有领导能力的人以及具有培养能力的人。通过评价会议，共同明确评价的行动依据，确定整个公司的评价尺度。

考评人员也是人，因而不可避免地会受到主观因素的干扰。行动评价具有摇摆性。因此无论如何也要检查每名考评人员的好恶和是否存在疏漏。

将上述措施在全公司范围内公布，将会提高员工对评价的认可度。

之所以要开会研讨这些事项，其意义在于无论是发言者还是聆听者，都可以从周围听众的提问和反应中有所收获。"还可以从这种角度评价""还可以这样关注下属"，每一位考评人员都能从同仁的发言中获得类似这样的启发。另一个明显优点是可以利用所学提高考评人员与被评价者的面谈质量，让评价更具说服力。这样可以进一步将整个公司的评价统一到同一水平线上，让评价更加公平。

上司更为客观地评判下属的长处和不足，有助于人财培养能力的提升。当他们逐渐能够想到"这个优点要继续发扬""这里需要改正"时，那么说明评价会议也发挥了锻炼上司领导力的作用。

如上所述，我想你应该能够了解为什么一个优秀的评价制度与人财培养是息息相关的。前文也曾多次提到，仅凭"教育"不足以培养人财。人财培养百分之五十是"教育"，百分之五十是"评价"。这二者相辅相成，人才能够实现成长。

贯彻评价制度的六个要点

促进成长的评价方法

下面整理了可以让评价制度取得成功的六个要点，作为本章的总结。

第一是"尽可能地简化评价制度"。过于精细的评价项目反而会给考评人员造成负担，过于繁琐则会让敷衍了事的评价越来越多，结果就是评价制度流于形式。

第二是"对顾客满意度/QSC进行评价"。这是服务业最应当予以重视的问题，因而也要纳入评价标准。

第三是"重视评价反馈"。人在得到表扬之后都会更加努力。即便是评价不佳，但只要能够给出合理的理由和适当的帮助，同样有助于员工成长进步。

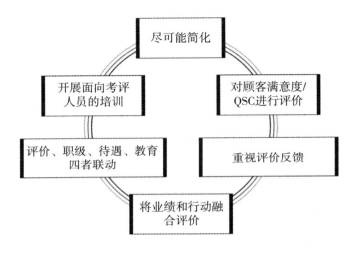

图 4-6 评价制度的六个要点

第四是"将业绩和行动融合评价"。业绩是很多企业的评价依据,而在创造业绩的过程中,对下属进行适当指导等实际的行动也应该纳入评价之中。如果业绩是唯一的评价标准,那么很可能重要职位都被一味追求业绩的管理者占据,不利于人财的进步提高。

第五是"评价、职级、待遇、教育,四者联动"。评价只有如实地在待遇上反映出来,才能够促进人财培养。出乎意料的是制度与待遇脱节的情况并不少见。依据评价制度修改待遇薪资体系从实施的角度而言耗时费力,难以着手也是情有可原，但是没有联动，也就无法实现人财的成长。

第六是"实行考评人员教育"。不少企业在这一方面都存在短板。实际上很多参加我们举办的培训的公司都表示"过去对评价没有考虑这么多"。

换言之，就是评价与教育相结合。教育制度不仅需要课程支撑，而且要耗费时间。不过，如果能够让员工们清晰地认识到"所学技巧可以在现场学以致用，而实践结果将直接与个人评价挂钩"这样一个联动关系，那么必将进一步激发他们的工作热情。

像这样从"如何运用才能有助于员工成长进步"的观点出发，研究、改善评价制度，可以让它具备更强的落地性。

评价格式示例

公司AAAAA评价格式

时间	2019年4月–2019年10月			一次考评人员	山田太郎
员工编号	1234	店铺名称	新宿	二次考评人员	佐藤花子
姓名	表奈子	职务	普通员工		

1.业绩评价

	目标设定		自我评价					一次评价			
	目标项目	权重	结果	评价	基础分数	权重%	各项分数	评价	基础分数	权重%	各项分数
1	营业额	20%		3	50	20%	10	3	50	20%	10.0
2	利润	15%		2	25	15%	3.75	2	25	15%	3.8
3	Q	15%		3	50	15%	7.5	3	50	15%	7.5
4	S	15%		4	75	15%	11.25	4	75	15%	11.3
5	C	20%					7.5	4	75	15%	11.3
6	GA培训[1]	20%		3	50	20%	10	4	75	20%	15.0
	总计				自评总分				业绩得分		
	100%				50.0				58.8		

	目标完成度	
5	明显超额完成目标	120%以上
4	超额完成目标	105%以上
3	完成目标	95%以上
2	低于目标	80%以上
1	明显低于目标	不足80%

各项评价	各项分数计算方法
5→	100
4→	75
3→	50 } ×权重%=各项得分
2→	25
1→	0

业绩评价/一次考评人员评语

---

1 GA即Google Analytics，是由Google公司为网站提供的数据统计服务，该服务可以对目标网站进行访问数据统计和分析，并向网站运营方提供多种参数。——译注

2.行动评价（不同职级评价的行动要素不同）

	能力行动要素	概要	行动目标	自我评价		一次评价	
				结果	评价	得分	评价	得分
1	积极性	不满足于所负责工作的现状，勇于挑战困难工作			3	50.0	3	50.0
2	组织意识	能够让自己的行动和想法与组织保持一致，按照上级或组织的要求、指示取得相应的成果。较之于个人事项更加重视完成组织的使命			4	75.0	3	50.0
3	责任感	能够坚持按计划完成交给自己的业务工作			4	75.0	2	25.0
4	自控力	在高压状态下能够克制自己，不感情用事，时刻保持积极稳定的工作状态。在时间管理和道德品质方面也能够严格要求自己			2	25.0	3	50.0
5	纪律性	遵守上级的要求和行业规范，努力维护职场和公司的秩序			3	50.0	4	75.0

评价标准		各项评价分数换算标准	自我评价总分	行动评价得分
5 取得惊人的成果	运用新的方式方法改变了当前情况，对全公司做出了贡献，带来了有益的影响	5 …100 4 … 75 3 … 50 2 … 25 1 … 0	275.0	250.0
4 取得超出预期的成果	行动过程中能够发挥个人的主观能动性，凭借个人努力创造了成果，并且在某方面发挥了榜样作用		自我评价总分（百分制）	行动评价得分（百分制）
3 取得了预期成果	在行动过程中主动采取了最优的处理方式。处理方式稳妥且具有延续性		55.0	50.0
2 未取得预期成果	上级提出要求后才开始行动，大多是被动行动		一次考评人员评语	
1 结果与预期差距较大	能力没有得到发挥，行动没有收效，或是采取了错误的行动			

3.综合评价

各职级得分占比			①业绩总分 权重 A	上半期总分（A+B）
职务	**业绩**	**行动**		
部长	70%	30%	58.8×30%=17.6	
课长	60%	40%		
组长	50%	50%	②行动总分 权重 B	53
主任	40%	60%		
普通员工	30%	70%	50.0×70%=35.0	

综合评价		半期评价	号±
100~90 ··· SS	+5		
89~80 ··· S	+4		
79~70 ··· A	+3		
69~60 ··· B	+2		
59~50 ··· C	+1	C	+1
49~30 ··· D	±0		
29~20 ··· E	−1		
19~0 ··· F	−2		

4.新职级·号/考评人员登记栏

新		一次考评人员总评	签章	二次考评人员总评	签章
职级	**号**				

延伸阅读4 怎样让员工面带笑容

　　店长在业务方面的职责千头万绪，但是归根结底，就是要最大限度地发挥员工们的积极性，"开好"一家店。

　　毫无疑问，一家门店需要保持高水平的QSC。店铺干净卫生，服务周到，顾客满意度自然就会提高。回头客越来越多，门庭若市，营业额必然上升，利润也会增加，也能达成总公司的期望。总而言之，店长的职责就是要激发店铺员工的力量。

　　不过，如果员工人数众多，那就未必能够保证每个人每一天都状态十足。比方说有时候员工在接待顾客时会面无表情。

　　如果某些兼职员工面无表情，可能会让顾客觉得他"心情不好""阴郁""无心工作"。我自己刚当上麦当劳的店长时，曾经一发现收银员面无表情，就武断地认为"那家伙心理阴暗""不适合干服务行业"，把他调离那个岗位。

　　然而如今想来，这是我考虑不周。为什么他没有笑容？其中一定是有原因的。

比方说：有可能是没有人教他要对客人笑脸相迎；或是他缺乏积极性，导致没有干劲；也可能是他身体偶感不适，或是遇到了一些个人方面的烦恼。

这些原因当中，有一些作为外人爱莫能助，但是没人教、缺乏积极性等因素是可以在店里解决的。总之最不应该的做法就是武断地把没有笑容归咎于性格问题，而是要思考店长等现场领导者该怎样让员工露出笑容。

初入未知的职场，开始一份新的工作，谁都不可能一上来就面带微笑，有些人虽然性格很开朗，但也很难露出笑容。有些人一同顾客说话就紧张，还有些人从一开始就没想到一定要笑脸相迎。这些情况是可以通过培训（教育）加以解决。

诚然，笑容对于服务行业从业者而言非常重要，但对于店长而言，营造随时随地都能让每一位员工在工作中面带笑容的环境和氛围，难度的确很大。那么，应该怎样做呢？

表扬，是让人面带笑容最有效的方法。

　　我当店长的时候，会让其他员工从顾客的角度观察，或是让他们把笑容灿烂的员工拍下来。而后不忘表扬笑容灿烂的员工"你的笑容很棒"。

　　表扬，换言之就是积极的评价。我建议尽可能就在现场当场表扬。坚持随时随地给予表扬，即便是对待兼职员工，也要努力让他们在赚钱以外具备"专业态度"。具有专业态度的员工越多，无疑店铺就会蒸蒸日上。自然而然也就有了更多的笑容。

　　此外，笑容与天资无关。基本所有的员工都能够经过训练，绽放出灿烂的笑颜。

第五章

教育和评价让公司面貌一新

五

前文讲到了有关教育和评价的基本理念。

那么具体应该如何实践这些理念呢？

本章将介绍三家公司的案例。

这些公司都取得了显著成长，而且可想

而知，教育和评价体系是支撑这种成长

的重要因素之一。

没有教育体系的公司成功调动了组织的积极性

想必还有不少读者虽然能够理解教育和评价的重要性，但却对实际工作中从何开始，如何稳定发挥作用感到迷茫不解。本章将介绍三家公司的案例。它们都是从零起步，最终让人财培养形成了一种企业文化，并使之与评价制度相辅相成，共同成功地调动了组织的积极性。

三家企业在引入教育体系时都曾得到过我们经营的Growing·Academy的协助，它们分别属于餐饮、自行车零售、涂料生产及家居软装三个行业，都是因为在人财培养方面遇到了瓶颈，所以来向我们咨询。它们在此之前应该也有人财培养体系，但是培养跟不上企业成长的步伐。

我们成立时虽然是一家针对服务行业的培训公司，但随着适用行业的范围越来越广，我们发现人财培养的基础具有普遍性，可以将其拓展引入到各行各业。

案例 1　NATTY SWANKY　支撑"DanDaDan 酒场"成长的学习文化

NATTY SWANKY

成立时间	2001年
资本	7亿6384万5380日元
总部所在地	东京都新宿区
员工人数※	175人（218人）
门店数量※	直营店58家，特许加盟店18家

※截至2019年6月（　）内为年度平均雇佣人数

目标是成为深受当地喜爱的靓店

NATTY SWANKY是成立于2001年的一家餐饮企业。之后于2011年在东京都调布市开设"肉汁饺子制作所DanDaDan酒场"一号店，因其产品和服务良好，开店数量稳步增加。总计开设八十三家直营店和加盟店（截至2019年12月），2019年3月在东京MOTHERS市场上市。

目前以东京京王线、小田急线、中央线沿线为中心，在关东地区开设分店。并且不断将门店网络向外辐射，在福冈县开设直营店，在爱知县、宫城县开设特许加盟店。亲自登门便会发现，每家门店的员工都是精神抖擞，服务无微不至。

主抓人财培养的田中龙也副社长这样说道："我们的经营理念是'做一家潇洒而靓丽，永远被街区喜爱的店铺'。NATTY SWANKY就是'潇洒而靓丽'的意思。我们的想法很简单，'没人想去黑洞洞的店，亮堂堂的店多好呀'。"

在大范围扩张分店中深刻认识到人财培养的重要性

NATTY SWANKY与我们相识可以追溯到大约八年前。那一年Hospitality & Growing Japan刚刚创立，偶尔能见到手持宣传册，兴致勃勃地参加培训的田中先生。

图 5-1 员工干劲十足的 "DanDaDan 酒场"

那时，原本经营拉面店的田中先生正在扩大商业范围，西班牙酒吧、烧酒馆、烧烤店等，涉足多种经营。听他说由于工作繁忙，店员教育只能依靠OJT。

图 5-2 NATTY SWANKY 田中龙也副社长

"当时涉足各种门类的考虑是希望店铺能够满足所在街区的需求，但是从经营角度来看，发现并不是很合适。在反复试错的过程中，创办了以饺子为卖点的居酒屋，结果非常受欢迎。"

于是，从2011年开始，他们专注于"DanDaDan酒场"并加速开设分店，这时他们深切地感受到了人财培养的重要性。

　　"店铺数量少的时候，不论是拉面店还是其他行业，我都可以教授从自身经验中得来的技术。经营理念方面，也可以传授我自己的经营之道。可是真正形成连锁经营之后，这种方法自然越来越力不从心。"

　　就在这个时候田中先生从熟人那里得知Hospitality & Growing Japan公司。随后他便主动过来听讲座。

　　"很震惊。没想到还可以这样教育，和老员工现场教学的OJT完全不一样。非常浅显易懂地告诉我们打招呼的方式，招待客人的基本方法，以及为什么需要这样做，学会之后又会给客人留下怎样的印象。所以当时让所有员工都来听讲。如今DanDaDan酒场已经建立了礼貌待客的文化，每一家店的员工都能朝气蓬勃地招待顾客。但当时不是这样。那时候对于问候顾客，和顾客打招呼并没有那么重视。在Growing·Academy第一次知道'原来这是基本常识'，大家这才了解到和顾客打招呼的重要意义。"

　　公司又不是学校，怎么可能一边给员工发着工资，又一边公司掏腰包让他们上学。田中先生曾说，当初他的确是这么想的。当然这也可以理解。但是员工自发性的学习以及由老员工实施的OJT都存在一定的局限性。当企业处于迅速扩大规模的阶段，这种局限性会更加凸显。

被"读后感制度"吸引而来的新人

"我感到如今我们公司已经建立了学习的文化。"田中先生如是说道。

他们大约在六年前引进评价制度。除了业绩评价，他们也很重视采用定性的方式对待人接物、参加培训等进行评价，因而每年都会重新修订评价制度。目前NATTY SWANKY受我们讲座的启发，原则上依靠公司自行组织的培训对员工实施教育培养。

但是不可忽视的是田中先生本身就明白学习的重要性，并且将其形成一种体系在不断发展的公司中加以实践。

例如，已经坚持了将近十年的"读后感制度"。田中先生每个月会向员工推荐一本书，员工读完之后可以提交一篇读后感。每一名管理者都要读这些读后感。虽然不是强制性的，但是让很多员工养成了阅读的习惯。公司会给提交了读后感的员工发放三千日元，可以用来买书或下午茶。

人财培养的体系就建立在这种制度之上。

"我自己为经营和人事烦恼不已的时候，会从书中得到许多启发。差不多十五年了吧，每个月都会读五本书，主要是哲学和商业书籍。这几年因为建立了读后感制度，所以基本上阅读都是为了给员工挑选书籍，不过我觉得读书还是有效果的。其中也有一些不读书但是很优秀的员工，但是人有没有知识，行动是有区别的。知道一百件事的人在经营店铺的时候，他的做法与知道十件事的人是不一样的。结果也必然不同。"

建立学习文化，形成学习的体系，也给员工招聘带来了有益的影响。据说不少新员工在回答入职理由时都提到了"看上去有一个能够学习进步的环境"。其中也有一些新人表示是"被读后感制度吸引而来"。很多年轻人都是因为有学习的机会而怦然心动，选择入职这家公司。

引进智能手机APP学习

NATTY SWANKY通过建立培养和评价制度等体系，究竟在经营方面取得了哪些收益？例如一些营业额相关的内容列明后虽然清晰易懂，却很难量化。但是田中先生提出的标准就是"更长的员工在职时间"。

实现公开募股的NATTY SWANKY不断加大开设分店的力度。随着企业规模日渐扩大，人财培养也进入了新的阶段。

"当前企业自行组织培训的方法已经落伍了。"田中先生这样说道。目前，我们公司开发的可以利用碎片时间学习的智能手机端现场教育APP"Growing·Mobile"已经覆盖了NATTY SWANKY约一千五百名的店铺员工，并且据说他们正在探讨让全体员工再参加一次Growing·Academy的培训。曾经在我们公司接受培训并且依然在职的人，基本都已经晋升到了管理层，因此才想让没有来过Growing·Academy的员工们也来参加培训。

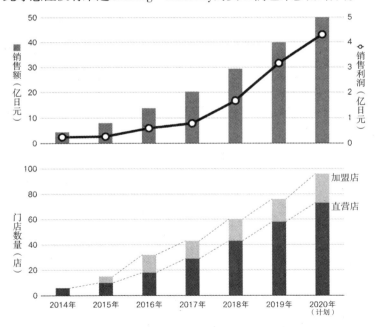

图 5-3 销售额和销售利润 / 门店数量（每年度 6 月份数据）

田中先生表示："同门店员工交流发现，大家的求知欲都很强。因为'无知'会增加他们的压力。"

学习成为企业的文化，大批员工渴望学习并积极参加培训。我认为这种企业必将不断发展。

（本案例中照片由大崎沙里耶拍摄）

案例2　爱三希 "教育和评价" 双管齐下实现崛起

爱三希

成立时间	1975年
资本	20亿6135万日元
总部所在地	大阪市都岛区
员工人数※	1491人（1727人）
门店数量※	直营店449家，特许加盟店24家

※截至2019年2月（）内为年度平均临时雇佣人数

基本服务能力全覆盖

1975年在大阪成立的爱三希，在日本开设了四百七十多家"cycle base 爱三希"自行车专营店，是日本最大的自行车零售企业。2004年公开募股，而后不断发展壮大。

该公司始终注重人财培养，但在2011年、2012年陆续开设了四十家分店之后，在Growing·Academy的协助下重新加强了人财培养，至今已有五年。

该公司人财培养的主旨是"基本服务能力全覆盖"。正如本书第一章所述，即要求每名员工都必须掌握基本的服务能力。背景原因是大量开设分店，新员工增多。爱三希此前在现场层面主要采用OJT的方法进行培养，但是老员工各不相同的教育方法导致教育效果参差不齐，因而有必要彻底提高教育水平。然而该公司在构建教育体系过程中对于各个职务、职级应该接受哪些培训，感到一筹莫展。

图5-4 "cycle base 爱三希" 大阪都岛总店

于是我们公司介入，协助他们制订计划和培训课程。主要包括深化理解企业理念，聚合服务精神方向，以及提高店长的领导能力和沟通交流能力。

专业的个人素养

爱三希的下田佳史社长这样说道："自行车装配方面代表性、专业性的技术实力自然不可或缺，但是要在满足顾客需要方面更加专业，必须提高个人素养。从这种考虑出发我们调研了各种培训公司，发现只有Growing·Academy的讲师具备现场经验。我觉得不管是餐饮、宾馆，还是我们这样的零售业，服务都可以成为一种具有普遍性的优势。

图5-5 爱三希的下田社长

给丽思卡尔顿、迪士尼等企业培训的Growing·Academy的讲师都有一个共同点，那就是追求客户满意度的精神。培训的内容符合现场实际，易于理解，而且课程内容安排对现场员工十分友好。"

常说要设身处地为顾客着想，但不是所有人马上就能说到做到。作为一家公司，还需要统一理念和服务水平。爱三希认识到必须要坚决投资教育，而且要将所学内容运用到现场之中。

"尽管效果难以预测，但是为了促进企业未来的发展，依然有必要提供学习的环境。投入数年积累经验是一件十分重要的事情，我愿意打造这样一个团队。"

爱三希原本就积极实施自行车相关技术教育，建立了良好的基础，因而方针一经确定，随即就能顺畅实施。

实施有助于员工培养的培训

曾经在主要面向店长举办OJT教练培训会场，有学员提问说："应该怎样把培训应用到日常业务当中？"

"我当了十年店长，在接受了教练培训之后，改变了给下属设定目标的方法。再也不是只说一句'加油干'，而是同

他们深入探讨实现目标的时间和方法，以及我能给予怎样的协助。这对于激发他们的工作积极性很有帮助。"（大阪N店店长）

"曾经教育下属很让我头疼。后来我在培训中学习了教导、教练等知识，了解到要根据教育的不同属性，区别使用教导和教练技巧，灵活地运用在业务当中。我感觉培训正中下怀，把我最亟须的东西教给了我。当上店长虽然只有四年，但如今我能够真心关怀下属，并且期待他们成长进步。"（东京W店店长）

"入职第四年，已经拿到了公司内部服务教练的资质，于是让我来参加了培训。每一位来参加培训的店长都很优秀，要很努力才能不掉队。但是我也学到了很多，我感觉一定对我今后指导他人有所帮助。"（东京S店勤务）

不仅是教练，将塑造领导能力、提高沟通交流能力等培训所学内容用于实践，尤其是让店长们深刻认识到了培养员工的重要性。我想这可能就是这四年来爱三希的变化。

"店长的职责就是要通过优质的服务吸引更多的回头客，用好口碑扩展顾客群体。不是'一锤子买卖'，也不是完成销售目标就万事大吉。因此，比方说和二十年前相比，店长被赋予的责任发生了明显变化。可以说难度更大了。我觉得在店长层面已经完成了企业理念的渗透，接下来我希望能够让理念进一步渗透到店铺员工层面。我觉得培训也是方法之一。"（下田社长）

形成这种教育文化不单单是因为举办了培训，还要得益于所建立的评价制度。

"我认为评价是企业永恒的课题，"下田说，"十年前我们引进了新的人事制度，每年都会修订更新。不但会实施面向考评人员的培训，还会采用定性的方式对服务、接待等进行评价。"

教育是一种投资

对于爱三希的人财培养我感触最深的就是下田社长宣称"教育不是成本而是投资"的坚定信念。

虽然不论是召集全国各地的员工举办培训，还是更新评价制度使之更为精准，都要耗费金钱和精力，但下田社长却从不迟疑。遵循企业理念培养人财，提高服务品质，这让爱三希在店铺周边有口皆碑，增加了忠诚顾客，进而促进了企业发展。这可谓是经营王道。

图 5-6 店长集中培训的场景

　　"放烟花很简单，可是并不长久。我们甚至放弃了'特卖'。即便是通过宣传招揽了顾客，但如果让顾客大失所望，那将没有任何意义。如果搞'特卖'，店铺运营就会更加复杂，有可能会降低服务水平。相比而言真诚地接待每一位顾客更加重要。从这个角度而言，店铺就是媒体，店长领衔的各位店员通过优质的服务提升顾客的满意度，则是企业发展的不竭动力。尽管这种方法收益期长，但是我认为人的成长进步是第一位的，作为公司应该思考如何帮助员工成长。"（下田社长）

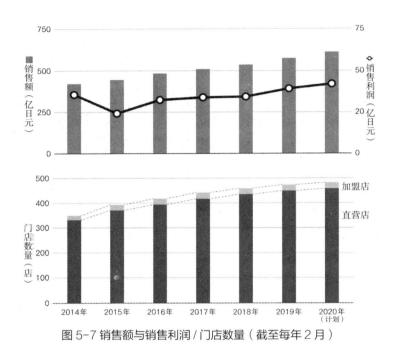

图 5-7 销售额与销售利润 / 门店数量（截至每年 2 月）

　　截至2019年12月，爱三希店铺数量达到了476家，尽管500家近在咫尺，但是下田社长的目的并不是追求数量，而是要与员工的成长保持同步，确保分店质量过硬。

　　"所以拼命培养人财的路还长着呢。"下田社长笑着说道。

（本案例中照片由水野真澄拍摄）

案例3　三州涂料 通过培训渗透"信条经营"理念

三州涂料

成立时间	1991年
资本	1000万日元
总部所在地	福冈市博多区
员工人数	280人

彰显公司标准的信条

三州涂料的总公司位于福冈市，分店覆盖九州至东北地区，正在向全国扩展。它是一家涂料行业为数不多的集产品研发、制造、销售、方案设计、施工于一体的独特公司。得益于这种一条龙的属性，它具有能够直接听到末端消费者的声音，将其反馈至产品研发和服务，从而实现高品质的特点。为了方便客户，他们还研发了能够将以往需要四次施工的涂装减少至两次的双面工艺，以及可以将工期压缩到一天以内的"一体化"工艺。每次施工之前他们首先要养护房子，铺上薄布，形成不见光、不透气的环境。之所以研发这种工艺，目的就是减轻顾客的负担。

三州涂料提出了"信条经营"的理念，努力提高顾客满意度。"信条"成名于丽思卡尔顿酒店,是企业经营方面的一种行动规范。狭义来说就是众所周知的每名员工随身携带的信条卡,大多指的是服务业所采用的经营理念。

图 5-8 全体员工携带的信条卡

那么为什么三州涂料这样一家外装涂料研发、生产、销售、施工公司会引进信条经营的理念呢?八藤丸贵实社长这样解释道:"目前装修行业的市场规模虽然不到七万亿日元,但是根据国家政策,未来将会发展到二十万亿日元,也会出现更多的新企业,也会有越来越多的家电量贩和建材商场等其他行业来分一杯羹,凭借品牌效应不足以应付这种突飞猛进的形势。因此,要从服务质量方面拉开差距。"

图 5-9 从涂料生产到外装施工一条龙服务

把"让顾客满意"放在首位

对于一家贸易公司而言，增加订单的优先级往往高于让顾客满意。但是，三州涂料却把最大程度满足顾客放在了首位。

2011年，日本发生了东日本大地震，三州涂料在这场前所未有的灾难中，重新认识到了人与人之间的纽带和人性的重要性，并且希望销售人员也能对此有所感悟，于是修改了之前准备的信条，在其基础上于2011年7月正式启动了信条经营。

重视顾客的理念三州涂料早已有之。研发省时高效的工艺就是这种理念的外在表现之一，但是把"让顾客满意"放在首位还有更为根本的原因。

外装施工不同于家电、汽车、服装等其他商品或服务，无法试穿试用，不可能让顾客试着涂一涂。"完工后质保二十年"究竟能否实现，根本无法保证。总之，这项工作只能依赖于顾客的信任。

"值得信赖"是公司的标准，而彰显这种标准的就是信条。信条本身尚未公开发表，但却是立足于社长个人销售经验的创举。

图 5-10 三州涂料·八藤丸贵实社长

"我们关注的就是要把顾客满意度放在首位。绝对不能蒙骗顾客。正是由于这种观念和态度，我们才取得了迄今为止的成绩。用一个词概括，就是信条。"八藤丸贵实社长道。

我认为这种观念着实伟大。至于是否符合行

业文化另当别论。外装施工是一种工艺，基本价值观是"把工作做好即可"。信条是什么？就这样在员工们的半信半疑中起步，所以两三年后依然未能深入人心也在情理之中。

当时信条不像现在这样广为人知，也还没有出现"极致服务[1]"一词。

用饭店打比方，如果客人的杯子空了，就要马上过来续水。但是这件事本身不会得到夸奖，也不会因此涨工资。那么，这就意味着这件事不做也罢。我曾走遍全国分店讲解信条的含义，但仍然无法深入人心。于是我想到一定要通过培训来加深员工的理解。

培训后开展小组作业

我就是在这种时候遇到了八藤丸社长。也恰逢Growing·Academy开设福冈分公司。

社长本人亲自参加了极致服务、领导力等各项培训，准备正式引入公司。不过当时的培训内容主要面向的是服务业，还存在一些不合适的地方，于是我们针对方案稍稍进行了修改定制。

1　即 hospitality，Hospitality & Growing Japan 的公司名正是取自这个意思。——译注

因为培训的目的是让信条经营深入人心，从而提高顾客满意度，所以该培训方案对于员工而言应该有些不适应。然而培训从一开始就收获了好评。

"培训采用了小组演练等多种形式，并不是一味地听讲师宣讲，这一点我认为很好，员工也乐于接受。培训方案内容方面也都是激发员工积极性、如何用脑等闻所未闻的知识，令人受益匪浅。"八藤丸社长如是评价。

此外，三州涂料的培训并不只是走走过场。据说时至今日，他们在培训之后还会集合受训员工让他们开展小组演练，看看所学内容能否用于实践，然后把问题记录下来并进行探讨，从而纠正偏差，使之符合三州涂料具体的工作实际。

"培训本身经常会演变为目的，但是归根结底它是改变观念和行动的开端，最终最重要的还是出工作成果。"八藤丸社长这样阐释了他的想法，也就是如果要在第二章介绍的成长循环的"教育培训"环节之后"提出要求"，那么首先就要员工各自制订行动计划表，并互相分享。

负责施工的工人也要接受培训

通过培训，员工加深了对极致服务的理解，信条观念也逐步深入人心。三州涂料拟制了多达一百页的信条经营手册，分发给全体员工。即使是OJT，也可以参考手册予以指导。

此外还引入了评价制度。除业绩评价，还增加了对工作流程的评价，并且把能否理解信条经营，行动是否符合信条经营等方面纳入评价项目。同时想方设法构建"能够助人成长的评价"，对考评人员进行培训。八藤丸社长感到，通过各种各样的措施，信条经营已经深入人心。

"我觉得引入评价制度之后，员工对于信条的认识水平一下子提高了。尽管难以量化员工的行动和观念的转变，但是有一点可以证明，那就是客户调查问卷的反馈结果比以前好了。可以说员工正在一点点地学会如何提供极致服务。"

在与社长的谈话中我得知，从六七年前开始，三州涂料就开始举办学习信条经营的集中培训，让我惊讶的是受训者不仅有公司员工，还有负责施工的工人。涂装工人都要学习"如何面带笑容"和"如何打招呼"。按照常理这种培训不会有什么效果，然而三洲涂料的实际结果却出乎意料。

"工人们几乎没有怨言，大家都乐在其中。也可能是因为之前用培训这种形式来学习知识的机会不多。顾客满意度、极致服务等内容很多人都是第一次接触，每年都会得到'帮助很大''内容很有趣'等好评。2019年以'如何与年轻人沟通交流'为主题分三批培训了一百二十人。培训的初衷是在劳动力短缺背景下，人财培养的重要性愈加凸显，然而工人们自己对此却是无计可施。如果自己没有培训经验，那么自然不懂得去表扬年轻人，尊重他们的意见，以及营造易于沟通交流的工作环境。万幸，员工反馈良好。"

顾客的感谢让员工更加自信

我认为既包括员工，又将客户涵盖其中的信条经营更有利于得到顾客的良好回应。"顾客真心的感谢就是一种反馈意见。"八藤丸社长这样说道。

"你们的工程真诚可信，谢谢。"
"天气一直不好，但是工人和销售都精益求精，很感谢。"
"每一位员工的态度都非常好，值得称赞。"

员工之间能够共享施工后问卷调查上的顾客反馈意见。顾客的信任会让员工在下一次更有信心。信条经营深入人心，创造了这样的良性循环。

"即便是回头客，也要等到十年后的下一次施工。因此对于我们公司而言，我认为'回头客'就是能够口口相传，为我们介绍新的顾客的人。目前这种情况还不多，但我想未来一定会越来越多。"

时时刻刻设身处地为顾客着想，提高包括施工技术在内的各项服务水平。三州涂料的案例说明，基于"教育"和"评价"的人财培养可以适用于各行各业，反之其他行业的人财培养也有诸多值得服务业学习借鉴之处。

（本案例中照片由东鹤昌一拍摄）

延伸阅读5　调整责任分工，促进员工培养

　　回顾我在麦当劳现场工作的岁月，我感觉当店长时对店铺的改造对我成长帮助很大。因为是在同一个公司，所以店铺运营方面的基本方针是一致的。但是，即便QSC相同，操作手册一模一样，每个店长在具体实行上也会有微小的差别。每换一家店，上一家店的做法就行不通了。而且副店长等员工也都是新的面孔，未免有些生疏之感，为了解决这些问题，就需要重新开始沟通交流。如今我觉得这种不断克服新的现场难题的过程，就是我最宝贵的经验。

　　业务轮岗，接触新的工作，有助于激发成长意愿。下面就以兼职员工动辄辞职干不长久的情况为例谈一谈这个问题。

　　根据有关兼职员工"不辞职的原因"问卷调查结果显示，能够留住兼职员工的三大原因分别是：沟通交流，培养（教育），评价·加薪·升职。同正式员工、兼职员工进行沟通交流的原因名列前茅可以理解，但我没有想到"培养"的排名能够如此靠前。鉴于后来的经验，这一点的确是正确

的。兼职员工热衷于学习各种事物，原以为兼职员工都是学生或家庭主妇来赚一些零花钱，但其实即便是打零工，他们也希望能够通过学习技能实现个人的成长。

以此为出发点就能找到留住兼职员工的对策。长时间从事同一项工作会让人感到乏味枯燥，一成不变的机械工作与求知渐行渐远，也无益于技能提高。有效方法就是适时轮岗，改变责任分工，创造学习新业务的机会。麦当劳就会刻意频繁地调整岗位。让员工在新的岗位学习业务，据此提高级别或时薪，从而建立起一种员工不断想再学习其他工作的体系。

而那些坚持要"一直干同一工作"的兼职员工，则要给予他们"专家"的待遇。不论是为了解决前文提到的"工作价值多样化"，还是想要留住兼职员工，这都是必不可少的。对于这种情况，构建准确评价、增加工资的体系，可以确保、提高员工的工作积极性。

但要注意对于这些志在成为专家的员工，也要鼓励他们挑战新的工作。如果员工能够明白这样有可能取得进一步的成长进步，那么将会更大程度地调动他们的工作积极性。

第六章

激发员工"干劲"的技巧

六

本章将在回顾一至五章的同时，采用"小技巧"的形式归纳有关教育和评价的实践要点。

这些小技巧的共同主题是激发员工的"干劲"。

所选条目无须通读，在不知道如何指导下属，或是遇到难题时，粗略浏览一下即可。

关于人财培养的必要性

首先，重温一下本书主旨，下面是对第一章和第二章的回顾。

1. 一家优秀的店铺应该具备哪些条件

要给顾客留下良好的整体印象，不仅商品的品质要过硬，店铺还要干净卫生，以及良性的团队合作氛围等等。而这些的基础就是店铺员工的人格魅力和人际关系。总之取决于人的能力。

2. 教育为什么重要

大部分都想在自己能够得到成长的场所（公司）工作。劳动环境舒适，实行良好的教育促进个人成长的场所（公司）不仅会聚集更多人财，也能留住更多人财。

3. 为了培养人财，企业必须要做哪些事

构建"明示标准""教育培训""提出要求""给予评价"这一成长循环能够环环相扣的"体系"。

4. 如何才能留住人财

改善"劳动环境"，"教育"并"评价"，利用这三大支柱就能留住人财。而且这三大支柱也会给雇用带来显著影响。

5. 怎样做才能提高员工的积极性

对其努力给予相应的反馈。让员工明白"现在努力做好这份工作，那么就能把下次评价提升到那个水平"，那么员工自然动力十足，也有助于个人成长。

6. 如果年轻人没有干劲，应该怎样做

可能并不是本人没有成长意愿，而是成长意愿还没有被激发出来。只要能够从这一角度出发，那么必然能够找到一些可以刺激其成长意愿的方法。如果一味归咎于个人，那么无计可施的状态永远也不可能改变。

7. 虽然在现场拼命指导年轻人，但他依然没有进步

首先公司要决定"想要让他成长为什么样子""想要他学会什么工作"。不论是正式员工还是兼职员工，都要设定他们入职之后每个阶段的目标，建立周围环境能够给予帮助和支持的体系。而且"要求"与设定目标一样都是人财培养的关键。总而言之，要让年轻人认真实践所学内容。

8. 教育方法五花八门

要制订统一而明确的目标，而不是交给现场管理者和老员工临场发挥。教育之所以存在属人主义，就是因为全盘托付了个别上级。

9. 应该如何确定培养标准

如果要明确标准，就要在各项业务中写清楚需要做的内容，以及希望被培养者达到的程度。另一个方法是直接借用最优秀的店长的做法，把"希望你能这样那样"的项目作为标准。

10. 是否可以只采用OJT这一种培养方法

OJT的优势在于可以现场学习，但往往就此戛然而止。又

因为OJT是现场实施，所以常常是完全丢给了身为OJT领导的上司和老员工。而且有些教育内容很难采用OJT方法，譬如说人际能力。一些内容只能采取集中培训方式学习，还有一些内容只有集中培训才能获得更好的学习效果。

11. 感觉集中培训的知识没有运用到工作当中

关键在于现场的上级和前辈应当要求被培训者把所学内容付诸实践，绝不放过他们任何一处"没有做/做不到"的部分。换言之就是落实"追踪"。为了实现追踪，上司需要了解下属的培训内容。

关于怎样沟通

此处汇总了上司对下属、同事之间最恰当的沟通交流方法和员工录用方法等方面的具体要点。

12. 让人舒服的打招呼窍门是什么

看着对方的眼睛，面带笑容。

13. 出色完成工作之后应该如何给予表扬

表扬具体内容。语气自然，不要夸张。

14. 违反规则时应该怎样批评

指出具体出错的行为。告知该行为给他人造成的不良影响，以及今后应该怎样做。

15. 怎样用语言激励外国员工

每个国家对语言的理解各不相同。要在了解文化冰山[1]和文化差异造成的常识性差异基础上进行沟通交流，要用最浅显易懂的语言激励对方。

16. 如何在面试中找到合适的应聘者

明确公司所需人财的"责质模型"（录用标准），让掌握提问技巧的面试官进行面试。

17. 如何在面试中让对方想要为本公司工作

营造轻松愉快的氛围，详细说明工作的内容和条件。不仅要看对方履历，还要重视考察对方的人品。

18. 怎样提问才能问出员工的"价值取向"

询问他做什么工作感到快乐，以及将来打算成为怎样的人。

1　文化冰山：将文化比作冰山，该观点认为文化由看得到摸得着的部分（可见文化）和位于底部的抽象部分（不可见文化）组成。

19. 员工出现工作方面的烦恼和焦虑时应该怎样开导

创造在困难的时候可以有人商量的环境，主动开导。如果想要对方吐露心声，关键在于构建信赖关系。

20. 面谈时如何让对方反思错误

让本人讲述错误的内容和原因。如果对方归咎于他人，那么应该引导他反思自身的错误。为了防患于未然，还应该让对方思考、陈述下次会怎么做。

21. 怎样有效告知对方取得了进步

反馈具体事实。

22. 怎样巧妙地向员工宣传公司或店铺的理念

理念培训，或者是穿插在日常的沟通交流当中。

关于职场环境的营造

此处根据第一章和第二章的内容，粗略地整理一下应用章节的要点。

23. 能够提高下属积极性的上司都具有哪些特点

能够给予下属正确的评价、正确的建议以及会赞扬下属。

24. 怎样营造其乐融融的氛围

大家接受每名员工的个性，养成即使是小事也能"互相认可"的习惯。关键是认可对方的优点，并且把这种认可准确地传达给对方。

25. 怎样营造有没有店长都能正常运转的职场

主动下放权限，培养临时负责人。

26. 能够得到兼职员工认可的店长都具有哪些共同点

能够率先垂范。而能够认真倾听，准确给予指导和建议也很重要。

27. 怎样提高兼职员工接待客户的能力

如果店铺（公司）想要让兼职员工明白应该怎么做、做到什么程度，那么就要进行示范。另一个行之有效的方法是制作介绍工作标准的视频。而且在员工成长过程中，要格外注重表扬。

28. 怎样提高卫生意识

制作QSC检查表，将其与店铺员工的评价直接挂钩。

29. 怎样在老年人、家庭主妇、外国人等人员结构多样的兼职员工中间形成"团队意识"

店长要发挥领导能力，让全体成员拥有共同的目标。工作目标与员工的身份无关。与其推三阻四，不如下功夫充分利用这种多样性。而且在实现目标之后，一定要对整个团队提出表扬。

30. 应该怎样恰当地提醒兼职员工

要在努力构建信赖关系的基础上，采用教导、教练、辅导建议等方法加以提醒。

关于店长培养

回顾第三章，我们一起来明确一下对于服务业而言至关重要的店长培养原则。

31. 店长培养的首要原则是什么

负责培养店长的区域经理与店长缺乏交集是店长培养最大的困难，因此需要建立上下级接触时间短也依然能够实现店长教育培养的体系。

32. 需要构建怎样的体系

例如从某位员工入职的那一刻起开始的店长培养方式。对于新员工，不仅要教会他眼前的业务，还要在"几年之后将其提拔为店长"的前提下对其进行培养。我建议制订一个类似于"让新员工两年内成为店长"的目标，入职半年后指导他用半年时间，学会给兼职员工排班，统筹人员开支并确保服务水平不下滑，同时不能给顾客造成影响。

33. 区域经理事务缠身，店长容易陷入孤立无援的境地

一个有效方法是以区域为单位，由区域经理举行店长会议。寥寥数人也没有关系。一位优秀的区域经理会将优秀的店长打造成榜样，向其他店长施加有益的影响。同时店长会议是一个员工打消疑虑、倾吐烦恼的场合，通过和他人沟通交流避免陷入孤独，这也是它的一大优点。

34. 有哪些可以有效指导店长成长进步的方法

一个效果显著的方法就是区域经理至少每半年与店长进行一次考评面谈，开诚布公地指出对方的优点和不足，共同商议下一步要解决的问题。如果能够养成与上级探讨"今后我应该如何提高评价"的习惯，那么店长必然会取得成长进步。

关于评价制度

最后是第四章的回顾。本书提出在人财培养方面，教育和评价要相辅相成。希望读者一定要了解"评价制度"的重要意义。

35. 评价制度为什么重要

评价制度服务于人财培养。其三个目的和要点分别是：促进员工成长进步，激发员工积极性，留住人财。

36. 现有评价制度未能充分发挥作用

不足之处都具有共性，可以归纳为五个方面。尤其要注意的是"未实施考评人员培训"。如果对这一点视而不见，将无法实现人财培养的目的。

37．不同的管理者给予下属的反馈存在偏差

给予评价必不可少，但如果目的是人财培养，就一定要商议决定"下一步怎么做"。对此需要借助培训掌握教练技巧。而且通过"评价会议"可以了解其他考评人员的关注点，进而统一整个公司的评价标准。

38．业绩是否可以作为评价的唯一标准

从人财培养的目的性而言，业绩不是唯一目的，我们还应该对达成目的过程中的各项行动进行评价。业绩格外出众但在为人方面有所欠缺的人一旦占据要职，便会给企业带来风险隐患。

39．评价无法摆脱"个人好恶"

既然是人来评价人，那么不可避免会受到主观因素的影响。一个可以有效规避的方法就是利用"评价会议"统一标准。

延伸阅读 6　防范"员工恐袭"的培养和管理

　　便利店和餐饮店的兼职员工在社交媒体上发布不当内容，在社会上引起轩然大波。这种被称作"员工恐袭"的情况，会导致整个企业遭到社会的谴责，其中不乏被迫关店的案例，因此对于服务业而言这是一个不容忽视的问题。

　　人们常常把矛头指向不谙世事的年轻人，但是还要认识到这一问题的根源在于社交媒体日渐普及，发布信息的途径变得多种多样。在Growing·Academy举办面向兼职员工和新入职的正式员工的课程中，也列举了曾经发生的案例，向他们讲述了在社交媒体发布不当信息的危害。较之于以往，越来越多的企业开始在公司内部针对在社交媒体发布信息提出要求，我觉得如今在发布信息之前三思而后行的时代已经到来了。

　　最佳方法是对兼职员工和店长进行教育。在新人入职培训期间就要告知他们在社交媒体发布信息的有关规定。大多数"员工空袭"没有明显的恶意，那么做也都是为了闹着玩。因此，务必要把社交媒体的特性，公司面临的风险以及个人可能会受到何种处罚等等给他们讲清楚。引爆社交媒体虽然会给企业造成重大损失，但是对个人的影响更大。如果只是一味强调对店铺、公司的危害，对方可能并不会往心里去。

因此关键是要让他们明白"发布的时候没想太多"的所作所为与他们为此付出的代价是完全不成比例的，要让他们认识到自己有可能承担巨额赔偿，对未来的人生造成极大的负面影响。而且这种教育不能停留在新人培训期间，还要定期加以提醒。

而对于店长来说，首先每天要与员工悉心交流，观察他们的工作状态。造成不当行为的原因主要是工作乏味无趣，空闲时间太多，以及对职场心怀不满。所以店长只要对员工给予关注就能有所觉察。如果员工与店长建立了信赖关系，热爱公司和店铺，就不会做出不利于店长和店铺的行为。

此外要教育店长在发现不当信息时应该如何处置。一旦发现不当信息，首先应该要求投稿人删除发布的内容或账号。同时店长应该了解向上级报告的时机和方式。如果事态已经扩大，一个人无力解决，那么最好把后续应对措施全部交给公司。

当然，社交媒体也具有宣传公司和店铺的优点。因此不能因噎废食，而是要大家一起积极地探索使用方法。建立公司的官方账户，制定明确的规则，在此基础上寻求兼职员工的理解合作，可以收获良好的效果。如果店员都知道怎样利用社交媒体对店铺有益，可能就不会再有滥用这一途径的想法了。

后　记

　　人财培养对于每个企业而言都至关重要，人财培养不能只依赖于培训，还要将其形成体系，在教育的同时落实评价，这样人必然会取得成长。如果你能够理解本书的这一主旨，我将万分荣幸。

　　在 BC 控股集团董事长笠井大祐先生建议我从事针对服务业的教育事业之前，我曾想要为餐饮业奉献一生。为了"改变服务业的未来"和"让服务业从业者更加辉煌"，2012 年 4 月成立了 Hospitality & Growing Japan 公司，距今已有八年。

　　我有幸参与了诸多企业的人财培养，我们公司自身也得到了发展壮大。与此同时，"员工"方面的问题让企业愈发苦恼，成了一个越来越重要的经营课题。本书的基础是我在麦当劳、优衣库的工作经历，也有不少我在这八年间学到的新知识。

　　公司创建时我五十五岁，与那时相比我真切地感受到自己不仅增长了见识，而且开阔了思路。我希望这些基本的理念和生发于新经验的知识能够以一种固定形式保留下来。这便是我写这本书的动机。而且我希望能够为自己从事多年的服务业留下一些多少有些用处的东西。如果能够让在现场不懈奋斗的无数后辈有所启发，我将感到无比幸福。

正如本书所讲，当前由于"工作方式改革"，服务业现场也在各个方面发生着剧变。有不少企业尽管十分理解"人财培养的重要性"，但客观上缺乏足够的时间和人力。但我认为，人财培养的重要性非但不会因此而动摇，反而会伴随时代的变化而愈加重要。

对此我希望企业能够利用本书反复提及的"体系化"取得更大的人财培养效果。于我个人而言，曾经在现场经受的严格培养是我的一份宝贵的经历，没有那时候的培养就没有我的今天。然而，毕竟已是时过境迁。因循守旧是错误的，必须要找到符合时代要求的最合适的人财培养方法。

因此，本书中的各种方法还有待修改完善。我希望借此书抛砖引玉，与更多的人交流思想，不断找寻更好的方法。

最后，衷心感谢在百忙之中接受采访的 NATTY SWANKY 的田中龙也副社长，爱三希的下田佳史社长和三州涂料的八藤丸贵实社长。此外，本书执笔期间得到了作家间山俊彦先生，（株式会社）风险公关三上毅一先生的大力支持。在此也对负责编辑的钻石社人才开发编辑部的小川敦行先生、大坪稚子女士一并表示感谢。

　　我会牢记美国麦当劳创始人雷·克洛克的名言"保持年轻，就能继续成长；一旦成熟，便会开始凋零枯萎（As long as you're green, you're growing; as soon as you're ripe, you start to rot）"，不断改变服务业的未来。

　　向阅读到此处的各位读者表示感谢。

Hospitality & Growing Japan 董事长兼社长 有本均

2020 年 3 月